IL MIO SISTEMA

La gestione della privacy in azienda

Pillole informative

Michele Iaselli

Indice

Introduzione

Nell'era digitale, la protezione dei dati personali e la privacy sono diventate questioni centrali per aziende di ogni dimensione e settore. Con l'avanzare delle tecnologie e l'incremento dell'interconnessione globale, le informazioni personali sono ora più accessibili che mai. Questo contesto porta con sé opportunità senza precedenti, ma anche sfide significative, specialmente in termini di privacy e protezione dei dati.

La privacy in ambito aziendale non è solo una questione di conformità legale; è un elemento fondamentale che incide sulla reputazione, la fiducia dei clienti e, in ultima analisi, sul successo dell'impresa. In un mondo dove i consumatori sono sempre più consapevoli dei loro diritti relativi ai dati personali, il modo in cui un'azienda gestisce queste informazioni può avere un impatto diretto sulla sua immagine e sulla sua competitività sul mercato.

Oltre alla crescente consapevolezza dei consumatori, la normativa sulla privacy, come il Regolamento Generale sulla Protezione dei Dati (GDPR) nell'Unione Europea e altre leggi simili in diverse giurisdizioni, ha elevato gli standard per la gestione e la protezione dei dati personali. Queste leggi non solo impongono rigidi requisiti di compliance, ma offrono anche una struttura per le aziende per gestire in modo efficace e responsabile i dati personali.

L'approccio di un'azienda alla privacy e alla protezione dei dati non dovrebbe essere percepito come un semplice obbligo normativo, ma come un'opportunità per rafforzare la fiducia dei clienti e costruire un vantaggio competitivo sostenibile. Implementando pratiche di privacy robuste e trasparenti, le aziende possono non solo evitare sanzioni legali e finanziarie, ma possono anche aumentare la fiducia dei clienti e dei partner commerciali, creando un ambiente più sicuro e rispettoso per il trattamento dei dati personali.

Diverse sono le sfide e le opportunità da prendere in considerazione nell'ambito della gestione privacy.

Le Sfide della Privacy Aziendale

1. **Complessità Normativa**: Una delle maggiori sfide per le aziende è rappresentata dalla complessità e dalla continua evoluzione delle leggi sulla privacy e sulla protezione dei dati. Normative come il GDPR, il CCPA (California Consumer Privacy Act) e altri regolamenti internazionali richiedono un'attenzione costante e una comprensione approfondita per assicurare la conformità.

2. **Rischi di Sicurezza dei Dati**: Con l'aumento delle minacce informatiche, la protezione dei dati aziendali e dei dati personali dei clienti diventa sempre più critica. Le violazioni dei dati possono avere conseguenze devastanti, sia in termini di danni finanziari che di reputazione.

3. **Gestione dei Dati su Larga Scala**: L'incremento esponenziale nella raccolta e nell'analisi dei dati comporta difficoltà nella loro gestione. Assicurare che i dati siano trattati in modo etico e conforme alle leggi vigenti è una sfida continua per le aziende di ogni dimensione.

4. **Aspettative dei Consumatori**: I consumatori sono sempre più consapevoli e esigenti riguardo alla privacy. Aspettano trasparenza, sicurezza e controllo sui loro dati, e le aziende

devono rispondere a queste aspettative per mantenere la loro fiducia.

Le Opportunità della Privacy Aziendale

1. **Costruire Fiducia e Reputazione**: Una gestione efficace della privacy non solo aiuta a prevenire le conseguenze negative, ma può anche rafforzare la fiducia dei clienti. Le aziende che dimostrano un impegno genuino nella protezione dei dati possono distinguersi e costruire una reputazione positiva.

2. **Innovazione e Differenziazione Competitiva**: La privacy può essere un motore di innovazione. Sviluppare prodotti e servizi che rispettino la privacy dei clienti può diventare un punto di differenziazione sul mercato.

3. **Miglioramento della Gestione Interna dei Dati**: Affrontare le sfide della privacy spinge le aziende a migliorare la qualità della loro gestione dei dati. Questo può portare a efficienze operative, riduzione degli sprechi e maggiore consapevolezza dei dati come risorsa aziendale.

4. **Apertura a Nuovi Mercati**: Essere conformi alle normative sulla privacy può aprire le porte a nuovi mercati, specialmente quelli con regolamentazioni severe sulla privacy. Questo permette alle aziende di espandere la loro portata e accedere a nuove opportunità commerciali.

Affrontare le sfide della privacy in azienda richiede una strategia bilanciata che consideri sia i rischi sia le opportunità.

Da appassionato di scacchi ho preso spunto come metodo e come titolo dal famoso libro di Aaron Nimzowitsch "Il mio sistema" dove il famoso maestro di scacchi offre un percorso di apprendimento che stimola la mente, sfida a pensare in modo creativo e insegna l'arte di costruire una solida base scacchistica. In questo libro, quindi, esploreremo come le aziende possono sviluppare e implementare un "sistema di privacy" efficace, che non solo garantisca la conformità alle normative vigenti, ma che funga anche da pilastro per una cultura aziendale etica e orientata al futuro. Dalla leadership alla formazione del personale, dalla valutazione dei rischi alle tecnologie di protezione dei dati, ci immergeremo in ogni aspetto della gestione della privacy in azienda, fornendo strumenti, consigli e migliori pratiche per navigare con successo in questo paesaggio complesso e in continua evoluzione.

CAPITOLO I
Fondamenti di Privacy e Protezione dei Dati

Sommario: 1. Introduzione ai concetti base. 2. Panoramica delle leggi sulla privacy. 3. Principi Fondamentali del GDPR. 4. Diritti degli Interessati. 5. Obblighi del Titolare del Trattamento e del Responsabile del Trattamento. 6. Ruolo e Compiti del Data Protection Officer (DPO). 7. Trasferimenti Internazionali di Dati. 8. Gestione dei Dati in Specifici Settori e Contesti. 9. Conformità e Sanzioni. 10. Conclusioni.

1.Introduzione ai Concetti di Base

In un mondo sempre più guidato dai dati, comprendere i concetti di base relativi alla privacy e alla protezione dei dati è fondamentale. Questa comprensione inizia con la chiara definizione di termini essenziali e la distinzione tra ruoli chiave nel trattamento dei dati.

Definizione di Dati Personali e Categorie Particolari di Dati

I dati personali si riferiscono a qualsiasi informazione che può essere usata per identificare direttamente o indirettamente un individuo. Ciò include elementi come il nome, un numero di identificazione, dati di localizzazione, o fattori specifici relativi all'identità fisica, genetica, mentale, economica, culturale o sociale di quella persona.

Oltre ai dati personali, esistono le "categorie particolari di dati" (a volte dette "dati sensibili"). Questi includono dettagli che rivelano l'origine razziale o etnica, le opinioni politiche, le convinzioni religiose o filosofiche, l'appartenenza sindacale, e il trattamento di dati genetici e biometrici per identificare in modo univoco una persona, dati relativi alla salute o alla vita sessuale o all'orientamento sessuale di una persona. Questi dati richiedono protezioni aggiuntive a causa della loro natura sensibile (art. 9 GDPR).

Differenza tra Titolare del Trattamento e Responsabile del Trattamento

Nel contesto della protezione dei dati, è cruciale distinguere tra "titolare del trattamento" e "responsabile del trattamento".

- Il **titolare del trattamento** è la persona fisica o giuridica, l'autorità pubblica, l'agenzia o altro organismo che, da solo o insieme ad altri, determina le finalità e i mezzi del trattamento dei dati personali. In sostanza, il titolare del trattamento decide "come" e "perché" i dati personali vengono trattati.

- Il **responsabile del trattamento**, d'altra parte, è la persona fisica o giuridica, l'autorità pubblica, l'agenzia o altro organismo che tratta dati personali per conto del titolare del trattamento. Il responsabile del trattamento è quindi responsabile dell'effettivo trattamento dei dati, seguendo le direttive stabilite dal titolare.

La distinzione tra questi due ruoli è fondamentale per comprendere le responsabilità legali e pratiche nella gestione dei dati personali. Ogni entità coinvolta nel trattamento dei dati deve essere chiara sul proprio ruolo, poiché ciò influenza la conformità alle leggi sulla privacy e la protezione dei dati.

2. Panoramica delle leggi sulla privacy

La protezione dei dati personali è diventata una preoccupazione crescente sin dalla metà del XX secolo, con l'aumento del trattamento elettronico dei dati. Inizialmente, le leggi sulla privacy erano frammentarie e specifiche per paese, con i primi esempi significativi emergenti negli anni '70 e '80. Questi primi regolamenti si concentravano principalmente sulla regolamentazione della raccolta e dell'utilizzo dei dati personali, ponendo le basi per le successive normative più complete.

Il Regolamento Generale sulla Protezione dei Dati (GDPR) dell'Unione Europea, entrato in vigore nel maggio 2018, ha segnato una svolta significativa nella legislazione sulla privacy. Il GDPR ha introdotto requisiti rigorosi per il trattamento dei dati personali e ha rafforzato i diritti degli individui, dando loro maggior controllo sui propri dati. Alcune delle sue peculiarità includono il diritto all'oblio, la necessità di un consenso esplicito per il trattamento dei dati in specifici contesti, e sanzioni severe per la non conformità.

Oltre al GDPR, esistono altre leggi significative a livello globale che influenzano la gestione dei dati personali. Ad esempio, il California Consumer Privacy Act (CCPA) negli Stati Uniti offre ai consumatori californiani diritti simili a quelli del GDPR, come il diritto di sapere quali dati personali vengono raccolti e il diritto di chiederne la cancellazione. In Brasile, la Lei Geral de Proteção de Dados (LGPD) ha introdotto normative paragonabili al GDPR. Queste leggi riflettono un trend globale verso una maggiore protezione dei dati personali e richiedono che le aziende siano attente non solo alla legislazione locale, ma anche a quella internazionale.

3. Principi Fondamentali del GDPR

Il Regolamento Generale sulla Protezione dei Dati (GDPR) si basa su una serie di principi fondamentali che costituiscono il cuore della protezione dei dati nell'Unione Europea. Questi principi non solo definiscono il quadro etico e legale per il trattamento dei dati personali, ma forniscono anche linee guida chiare per le organizzazioni su come gestire i dati in modo responsabile e conforme.

Legalità, Trasparenza e Correttezza

- **Legalità**: Il trattamento dei dati personali deve essere sempre basato su una base legale chiara. Questo può includere il consenso dell'interessato, la necessità per un contratto, obblighi legali, interessi vitali, interessi pubblici o legittimi interessi.
- **Trasparenza**: Gli interessati devono essere informati in modo chiaro, comprensibile e trasparente sul modo in cui i loro dati vengono raccolti e trattati. Ciò include fornire informazioni dettagliate tramite informative sulla privacy e comunicazioni tempestive.
- **Correttezza**: Il trattamento dei dati deve essere effettuato in modo equo. Ciò significa che non deve ingannare o svantaggiare gli interessati.

Limitazione della Finalità e Minimizzazione dei Dati

- **Limitazione della Finalità**: I dati personali devono essere raccolti solo per scopi specifici, espliciti e legittimi. Non devono essere ulteriormente trattati in modo incompatibile con questi scopi.
- **Minimizzazione dei Dati**: Le organizzazioni devono raccogliere e trattare solo i dati strettamente necessari per gli scopi per cui sono stati raccolti. Non si dovrebbero trattare dati personali eccessivi rispetto alle finalità per le quali sono raccolti.

Esattezza, Limitazione della Conservazione e Integrità/Confidenzialità

- **Esattezza**: I dati personali devono essere mantenuti accurati e, se necessario, aggiornati. Deve essere presa ogni misura ragionevole per assicurare che i dati personali inesatti, considerati le finalità per cui sono trattati, siano cancellati o rettificati senza indugio.

- **Limitazione della Conservazione**: I dati personali devono essere conservati in una forma che permetta l'identificazione degli interessati per un periodo non superiore al necessario rispetto alle finalità per cui i dati sono trattati. Le organizzazioni devono stabilire periodi di conservazione chiari e giustificabili.
- **Integrità e Confidenzialità**: I dati personali devono essere trattati in modo da garantire una sicurezza adeguata, inclusa la protezione contro il trattamento non autorizzato o illecito e contro la perdita, la distruzione o il danno accidentale, utilizzando misure tecniche o organizzative appropriate (come la crittografia e la sicurezza fisica).

Questi principi costituiscono la spina dorsale del GDPR e sono fondamentali per la comprensione di come le organizzazioni devono approcciare il trattamento dei dati personali. Ogni principio ha implicazioni pratiche e legali significative, e la loro applicazione è fondamentale per assicurare la conformità al regolamento e per costruire una cultura della privacy all'interno di un'organizzazione.

La comprensione e l'implementazione efficace di questi principi non solo aiutano a prevenire sanzioni e rischi legali, ma rafforzano anche la fiducia e la reputazione dell'organizzazione agli occhi dei clienti, dei partner e del mercato in generale.

4. Diritti degli Interessati

Uno degli aspetti fondamentali del GDPR è il rafforzamento e l'espansione dei diritti degli interessati, ovvero le persone fisiche a cui si riferiscono i dati personali. Questi diritti sono cruciali per dare controllo agli individui sui loro dati in un'era in cui l'informazione è una valuta preziosa. Di seguito, esaminiamo i diritti principali garantiti dal GDPR.

Diritto di Accesso

- Gli interessati hanno il diritto di ottenere dal titolare del trattamento la conferma che sia o meno in corso un trattamento dei dati personali che li riguardano e, in tal caso, di accedere a tali dati. Questo include il diritto di ricevere una copia dei dati trattati.

Diritto di Rettifica

- Gli interessati possono richiedere la rettifica dei dati personali inesatti che li riguardano. Hanno anche il diritto di far completare dati personali incompleti, anche fornendo una dichiarazione integrativa.

Diritto alla Cancellazione (Diritto all'Oblio)

- Questo diritto permette agli interessati di richiedere la cancellazione dei loro dati personali senza ingiustificato ritardo in determinate circostanze, come quando i dati non sono più necessari rispetto alle finalità per cui sono stati raccolti o altrimenti trattati.

Diritto di Limitazione del Trattamento

- Gli interessati hanno il diritto di ottenere la limitazione del trattamento in alcuni casi specifici, come durante il periodo necessario al titolare del trattamento per valutare una richiesta di rettifica o quando il trattamento è illecito ma l'interessato si oppone alla cancellazione dei dati.

Diritto alla Portabilità dei Dati

- Gli interessati hanno il diritto di ricevere i dati personali che li riguardano in un formato strutturato, di uso comune e leggibile da dispositivo automatico e hanno il diritto di trasmettere tali dati ad un altro titolare del trattamento senza impedimenti.

Diritto di Opposizione

- Gli interessati hanno il diritto di opporsi, in qualsiasi momento e per motivi legati alla loro situazione particolare, al trattamento dei dati personali che li riguarda basato su determinate condizioni legali.

Decisioni Automatizzate Individuali, Compresa la Profilazione

- Questo diritto consente agli interessati di non essere soggetti a una decisione basata unicamente sul trattamento automatizzato, compresa la profilazione, che produca effetti giuridici che li riguardano o che incida in modo significativo sulla loro persona.

Questi diritti conferiscono agli individui un controllo significativo sui loro dati personali e impongono ai titolari del trattamento obblighi non trascurabili in termini di procedure, politiche e tecnologie da implementare. La consapevolezza e l'attuazione efficace di questi diritti sono essenziali per garantire non solo la conformità alle normative, ma anche per costruire una relazione di fiducia tra aziende e utenti, elemento sempre più determinante nel panorama economico e sociale contemporaneo.

5. Obblighi del Titolare del Trattamento e del Responsabile del Trattamento

Il GDPR impone una serie di obblighi sia al titolare del trattamento che al responsabile del trattamento, stabilendo standard rigorosi per la gestione dei dati personali. Questi obblighi sono progettati per assicurare che i dati personali siano trattati in modo sicuro, legale e trasparente.

Misure di Sicurezza e Principi di Privacy by Design e by Default

- **Misure di Sicurezza**: Sia il titolare che il responsabile del trattamento sono tenuti ad adottare misure tecniche e organizzative adeguate per garantire un livello di sicurezza appropriato al rischio del trattamento dei dati personali. Questo include la protezione contro il trattamento non autorizzato o illecito, la perdita accidentale, la distruzione o il danneggiamento.

- **Privacy by Design e by Default**: Questi principi richiedono che la protezione dei dati sia integrata nella progettazione di sistemi e processi aziendali e che solo i dati necessari per uno specifico scopo siano trattati. La privacy by design implica la considerazione della privacy fin dalle prime fasi della progettazione di un prodotto o servizio, mentre la privacy by default significa che le impostazioni predefinite devono essere le più riservate possibili.

Notifica di Violazione dei Dati Personali

- In caso di violazione dei dati personali che possa comportare un rischio per i diritti e le libertà delle persone fisiche, sia il titolare che il responsabile del trattamento sono tenuti a notificare tale violazione all'autorità di controllo competente, in genere entro 72 ore dalla scoperta della violazione. Se la violazione comporta un alto rischio per i diritti e le libertà degli individui, essi devono anche informare gli interessati senza ingiustificato ritardo.

Valutazione d'Impatto sulla Protezione dei Dati (DPIA)

- Una DPIA è richiesta quando il trattamento dei dati è suscettibile di presentare un alto rischio per i diritti e le libertà delle persone fisiche. Questa valutazione include una descrizione sistematica dei processi di trattamento previsti, la valutazione della necessità e della proporzionalità del trattamento in relazione alle finalità, una valutazione dei rischi per i diritti e le libertà degli interessati, e le misure previste per affrontare tali rischi.

L'attuazione di questi obblighi richiede un approccio olistico e dettagliato alla gestione dei dati personali. Le aziende devono assicurare non solo la conformità legale, ma anche promuovere una cultura aziendale che valorizzi e protegga attivamente i dati personali. Questo include l'investimento in formazione per i dipendenti, lo sviluppo di politiche chiare, l'implementazione di sistemi e tecnologie sicure e la verifica periodica della loro efficacia. In questo modo, il rispetto degli obblighi del GDPR diventa un vantaggio competitivo, contribuendo a costruire una reputazione di affidabilità e responsabilità nell'ambito della protezione dei dati.

6. Ruolo e Compiti del Data Protection Officer (DPO)

Il Data Protection Officer (DPO) svolge un ruolo cruciale nel garantire la conformità al GDPR all'interno delle organizzazioni. Il suo ruolo è multifunzionale, richiedendo una combinazione unica di competenze legali, tecniche e gestionali.

Quando è Necessario Nominare un DPO

- Il GDPR richiede la designazione di un DPO in tre situazioni principali: (1) per le autorità o gli organismi pubblici (esclusi i tribunali nell'esercizio della loro funzione giurisdizionale); (2) quando le attività principali del titolare o del responsabile del trattamento consistono in operazioni di trattamento che, per loro natura, portata e/o finalità, richiedono un monitoraggio regolare e sistematico degli interessati su larga scala; e (3) quando le attività principali consistono nel trattamento su larga scala di categorie particolari di dati (dati sensibili) o di dati relativi a condanne penali e reati.

Responsabilità e Compiti del DPO

- Il DPO è incaricato di sorvegliare la conformità al GDPR, fornire consulenza e formazione al personale che tratta dati personali, e agire come punto di contatto con le autorità di controllo. I compiti specifici includono monitorare l'osservanza delle norme sul trattamento dei dati, delle politiche interne in materia di protezione dei dati personali, compresa l'assegnazione delle responsabilità, la sensibilizzazione e la formazione del personale coinvolto nei trattamenti, e gli audit correlati.

* Il DPO deve anche fornire consulenza quando richiesto sulle valutazioni d'impatto sulla protezione dei dati (DPIA) e monitorare la loro attuazione. Inoltre, deve cooperare con l'autorità di controllo (ad esempio, il Garante per la Protezione dei Dati Personali in Italia) e fungere da punto di contatto per questioni relative al trattamento dei dati.

Indipendenza e Posizione del DPO all'Interno dell'Organizzazione

* Il DPO deve essere in grado di agire in totale indipendenza e non deve ricevere istruzioni riguardo l'esercizio dei suoi compiti. Non può essere licenziato o penalizzato per l'esecuzione dei suoi compiti e deve avere risorse adeguate per svolgere tali compiti.
* Idealmente, il DPO dovrebbe avere un accesso diretto ai vertici dell'organizzazione e dovrebbe essere coinvolto tempestivamente in tutte le questioni che riguardano la protezione dei dati personali. La posizione del DPO all'interno dell'organizzazione dovrebbe essere tale da permettergli di esercitare i suoi compiti in modo efficace, avendo una comprensione completa delle attività di trattamento dei dati e delle strategie di protezione dei dati.

La presenza di un DPO ben informato e ben posizionato all'interno di un'organizzazione non solo assicura la conformità al GDPR, ma anche eleva la consapevolezza e la cultura della protezione dei dati in tutta l'organizzazione. Il ruolo del DPO è quindi strategico e centrale per la gestione del rischio e per il mantenimento della fiducia dei clienti e del pubblico nella gestione dei dati personali da parte dell'organizzazione.

7. Trasferimenti Internazionali di Dati

Il GDPR pone particolare attenzione ai trasferimenti internazionali di dati personali, stabilendo specifiche restrizioni e requisiti per assicurare che il livello di protezione dei dati personali non venga compromesso quando questi vengono trasferiti al di fuori dell'Unione Europea.

Principi e Limitazioni per il Trasferimento di Dati fuori dall'UE

- Il GDPR consente trasferimenti di dati personali al di fuori dell'UE solo se il paese destinatario garantisce un livello adeguato di protezione dei dati. La Commissione Europea ha il potere di determinare se un paese terzo offre un livello adeguato di protezione attraverso una decisione di adeguatezza.
- Se non esiste una decisione di adeguatezza, il trasferimento può avvenire solo se il titolare o il responsabile del trattamento forniscono garanzie appropriate, e a condizione che siano disponibili diritti azionabili e rimedi efficaci per gli interessati. Queste garanzie possono includere clausole contrattuali standard approvate dalla Commissione, norme vincolanti d'impresa, codici di condotta approvati, o meccanismi di certificazione.

Strumenti per la Legalità dei Trasferimenti

- **Clausole Contrattuali Standard**: Queste sono clausole pre-approvate dalla Commissione Europea che possono essere inserite nei contratti tra titolari e responsabili del trattamento per assicurare la protezione dei dati trasferiti.
- **Scudo Privacy UE-USA (Privacy Shield)**: Fino alla sua invalidazione nel 2020, lo Scudo Privacy era un

meccanismo per il trasferimento di dati tra l'UE e gli USA. Tuttavia, la sentenza della Corte di giustizia dell'Unione Europea nel caso Schrems II ha richiesto l'adozione di ulteriori misure di protezione per trasferimenti basati su questo meccanismo. Ora, le organizzazioni devono valutare la legalità dei trasferimenti di dati verso gli USA e altri paesi terzi sulla base di una data privacy framework concordato tra USA e Commissione europea.

- **Norme Vincolanti d'Impresa**: Le grandi multinazionali possono adottare queste norme interne per regolare i trasferimenti di dati personali al di fuori dell'UE all'interno del loro gruppo aziendale, assicurando un livello adeguato di protezione dei dati.

Rischi e Complessità

- I trasferimenti internazionali di dati sono uno degli aspetti più complessi e rischiosi del GDPR, specialmente in considerazione dell'invalidazione dello Scudo Privacy e dell'attenzione crescente su come i paesi terzi trattano i dati personali. Le organizzazioni devono pertanto esercitare grande cautela e condurre valutazioni dettagliate del rischio prima di intraprendere tali trasferimenti.
- Inoltre, devono essere pronte a rispondere a cambiamenti nella legislazione o nelle interpretazioni giuridiche, poiché questi possono influenzare rapidamente la legalità dei meccanismi di trasferimento esistenti.

In conclusione, la gestione dei trasferimenti internazionali di dati nel rispetto del GDPR richiede un approccio informato, attento e dinamico. Le organizzazioni devono assicurare non solo la conformità attuale, ma anche la capacità di adattarsi rapidamente ai cambiamenti normativi e giurisprudenziali in questo ambito in continua evoluzione.

8. Gestione dei Dati in Specifici Settori e Contesti

Il trattamento dei dati personali può variare notevolmente a seconda del contesto specifico o del settore in cui un'organizzazione opera. Alcuni settori, come la sanità, il marketing e il lavoro, presentano sfide e requisiti unici per la gestione dei dati. Questo paragrafo esplora come il GDPR e altre leggi sulla privacy influenzano il trattamento dei dati in questi contesti specifici.

Trattamento dei Dati in Ambito Sanitario

- Il settore sanitario tratta alcune delle categorie più sensibili di dati personali, inclusi i dati relativi alla salute. Il GDPR richiede un livello di protezione ancora più elevato per questi dati, consentendone il trattamento solo in circostanze specifiche, come il consenso esplicito dell'interessato o quando è necessario per motivi di interesse pubblico nel settore della sanità pubblica.
- La gestione dei dati sanitari richiede anche considerazioni riguardanti il consenso informato, la condivisione di dati con terzi (come assicurazioni e fornitori di servizi sanitari) e la sicurezza dei sistemi di archiviazione e trasmissione dei dati.

Gestione dei Dati nel Marketing

- Nel marketing, particolare attenzione deve essere posta sul consenso per l'utilizzo dei dati personali, specialmente in attività come l'email marketing e il targeting pubblicitario. Il GDPR impone che il consenso sia chiaro, specifico e liberamente dato, richiedendo quindi pratiche trasparenti e facilmente comprensibili per la raccolta del consenso.
- La profilazione e l'automazione decisionale in ambito marketing devono essere gestite con cautela, assicurando che gli interessati siano pienamente consapevoli di tali

pratiche e che possano esercitare i loro diritti, incluso il diritto di opposizione.

Protezione dei Dati nei Luoghi di Lavoro

- In ambito lavorativo, la raccolta e il trattamento dei dati dei dipendenti devono essere attentamente bilanciati con i diritti alla privacy degli stessi. Ciò include la gestione dei dati personali nei processi di reclutamento, nella valutazione delle prestazioni e nel monitoraggio dei dipendenti.
- Questioni come la videosorveglianza, il monitoraggio delle email e l'uso di tecnologie di tracciamento richiedono un'attenta considerazione per garantire che siano conformi al GDPR e alle leggi nazionali sulla privacy del lavoro.

Casi Particolari: Monitoraggio dei Dipendenti e Videosorveglianza

- Il monitoraggio dei dipendenti, sia online (ad esempio, attraverso il monitoraggio dell'uso di Internet o email) sia fisico (come nel caso della videosorveglianza), deve essere giustificato da esigenze legittime e proporzionate dell'azienda e deve rispettare i principi di minimizzazione e trasparenza.
- È essenziale informare chiaramente i dipendenti sulle politiche di monitoraggio, ottenere il loro consenso dove necessario e garantire che siano in atto misure adeguate per proteggere la loro privacy e i loro dati.

In conclusione, la gestione dei dati in specifici settori e contesti richiede un approccio personalizzato che consideri le peculiarità del settore, le esigenze dell'organizzazione e i diritti degli interessati. Le organizzazioni devono sviluppare politiche e procedure che riflettano le specifiche sfide e responsabilità legali associate al loro particolare ambiente operativo.

9. Conformità e Sanzioni

La conformità alle normative sulla privacy, in particolare al GDPR, non è solo una questione legale, ma un elemento fondamentale della gestione aziendale responsabile e etica. Le sanzioni per la non conformità possono essere severe, sottolineando l'importanza di un approccio proattivo e consapevole alla protezione dei dati personali.

Processi e Strategie per Garantire la Conformità

- **Valutazione della Conformità**: Le organizzazioni devono innanzitutto valutare il loro attuale stato di conformità. Questo include la revisione dei processi di trattamento dei dati, delle politiche di privacy, delle misure di sicurezza e delle procedure di risposta alle richieste degli interessati.
- **Pianificazione Strategica**: Dopo aver identificato le aree di rischio o di non conformità, le organizzazioni devono sviluppare un piano strategico per affrontare queste lacune. Questo può includere l'aggiornamento delle tecnologie, la revisione dei contratti con i fornitori, la formazione dei dipendenti e l'implementazione di nuove politiche e procedure.
- **Monitoraggio Continuo e Aggiornamento**: La conformità è un processo continuo, non un obiettivo una tantum. Le leggi e le interpretazioni normative possono cambiare, così come le tecnologie e le pratiche commerciali. Un monitoraggio regolare e la revisione delle politiche e delle pratiche aziendali sono essenziali.

Conseguenze della Non Conformità: Sanzioni Amministrative e Altri Rischi

- **Sanzioni Finanziarie**: Il GDPR stabilisce sanzioni significative per le violazioni. Queste possono raggiungere fino a 20 milioni di euro o, nel caso di un'impresa, fino al

4% del fatturato annuo globale totale dell'anno precedente, a seconda di quale sia maggiore.

- **Danni alla Reputazione**: Oltre alle sanzioni finanziarie, la non conformità può danneggiare gravemente la reputazione di un'azienda. In un'epoca in cui i consumatori sono sempre più consapevoli della privacy, una violazione dei dati o una cattiva gestione della privacy possono portare a una perdita di fiducia da parte dei clienti e dei partner commerciali.
- **Rischi Legali e Azioni Legali**: Le violazioni della privacy possono anche portare a cause legali da parte degli interessati o di altre parti. Questi procedimenti legali possono essere costosi e richiedere molto tempo, oltre a causare ulteriori danni reputazionali.

In definitiva, quindi, la conformità con il GDPR e altre normative sulla privacy dovrebbe essere vista come un investimento nella sostenibilità e nella resilienza aziendale. Un approccio proattivo alla conformità non solo riduce il rischio di sanzioni e azioni legali, ma rafforza anche la fiducia dei clienti e migliora l'immagine aziendale. Le organizzazioni devono quindi considerare la conformità alla protezione dei dati non come un onere, ma come un'opportunità per distinguersi e consolidare la loro posizione nel mercato.

10. Conclusioni

Concludendo questo capitolo sui fondamenti di privacy e protezione dei dati, è importante riflettere sulla rilevanza cruciale che questi temi hanno assunto nel panorama moderno delle attività aziendali. La gestione dei dati personali non è soltanto una questione di conformità legale; è un elemento chiave che impatta profondamente l'etica aziendale, la fiducia dei clienti, e l'integrità complessiva di un'organizzazione.

Riepilogo dei Principi Fondamentali di Privacy e Protezione dei Dati

- Abbiamo esplorato i principi fondamentali del GDPR, evidenziando come legalità, trasparenza, minimizzazione dei dati, accuratezza, limitazione della conservazione, integrità e confidenzialità siano indispensabili per un trattamento corretto dei dati personali.
- Abbiamo anche sottolineato l'importanza dei diritti degli interessati, che conferiscono agli individui un controllo significativo sui loro dati personali, rafforzando la loro posizione in un'era digitale sempre più data-driven.
- Gli obblighi del titolare del trattamento e del responsabile del trattamento, insieme al ruolo cruciale del Data Protection Officer (DPO), sono stati analizzati per delineare le responsabilità specifiche nell'ambito della gestione dei dati.

Importanza di una Solida Comprensione dei Fondamenti per la Gestione Efficace della Privacy Aziendale

- Una comprensione approfondita di questi concetti non solo aiuta a prevenire rischi legali e finanziari, ma contribuisce anche a costruire un ambiente aziendale in cui la privacy e la sicurezza dei dati sono integrate nelle pratiche quotidiane.
- Le organizzazioni che adottano un approccio proattivo alla protezione dei dati guadagnano un vantaggio competitivo, rafforzando la fiducia dei clienti e stabilendo una reputazione di affidabilità e responsabilità.

Verso una Cultura Aziendale Orientata alla Privacy

- Infine, è essenziale riconoscere che la conformità alla normativa sulla privacy non è un obiettivo statico, ma un processo dinamico che richiede un impegno costante e l'adattamento alle evoluzioni tecnologiche e normative.

- Le organizzazioni dovrebbero quindi aspirare a sviluppare una cultura aziendale in cui la privacy è vista come un valore fondamentale, integrando pratiche di protezione dei dati in tutte le attività aziendali e decisioni strategiche.

Questo capitolo ha gettato le basi per una comprensione approfondita dei principi e delle pratiche di privacy e protezione dei dati, essenziali per qualsiasi organizzazione che miri a operare con successo e responsabilità nel contesto normativo e sociale contemporaneo.

CAPITOLO II
Il ruolo della leadership nella privacy

Sommario: 1. Importanza del Coinvolgimento della Dirigenza. 2. Creazione di una Cultura Aziendale Orientata alla Privacy. 3. Integrazione della Privacy nella Strategia Aziendale. 4. Gestione del Cambiamento e dell'Innovazione. 5. Responsabilità e Accountability. 6. Caso Studio: Leadership e Privacy in Azione. 7. Considerazioni finali: Verso una Leadership Orientata alla Privacy.

1. Importanza del Coinvolgimento della Dirigenza
Di particolare rilievo è il ruolo critico che la dirigenza aziendale svolge nel definire e guidare l'approccio di un'organizzazione alla privacy e alla protezione dei dati. Il coinvolgimento attivo e visibile della leadership è fondamentale per stabilire un ambiente in cui la privacy è valorizzata e prioritaria.

Leadership come Modello

- **Esempio Personale**: La dirigenza deve fungere da modello nell'adottare e promuovere pratiche di privacy. Questo comportamento esemplare aiuta a instillare un senso di importanza e urgenza tra i dipendenti. La leadership deve dimostrare il proprio impegno attraverso azioni concrete, come la partecipazione a formazioni sulla privacy e l'adozione di pratiche di gestione dei dati sicure e conformi.
- **Comunicazione della Visione**: I leader devono comunicare chiaramente la loro visione sulla privacy, illustrando come questa si allinei agli obiettivi e ai valori aziendali. La visione deve essere inclusiva, mostrando come ogni dipendente ha un ruolo nel proteggere i dati e la privacy.

Decisioni Strategiche

- **Incorporazione della Privacy nelle Decisioni Aziendali**: Le decisioni strategiche, comprese quelle relative a investimenti, nuove iniziative e processi aziendali, devono considerare l'impatto sulla privacy. Questo approccio assicura che la privacy non sia un'aggiunta successiva, ma un elemento integrato fin dall'inizio in ogni progetto o iniziativa.
- **Bilanciamento tra Crescita e Conformità**: I leader devono trovare il giusto equilibrio tra la crescita aziendale e la conformità alle normative sulla privacy. Ciò richiede una comprensione approfondita di come le iniziative di crescita possano influenzare la gestione dei dati e viceversa.

Creazione di un Ambiente di Fiducia e Trasparenza

- **Cultura di Apertura e Trasparenza**: Un ambiente aziendale che valorizza la trasparenza e la comunicazione aperta aiuta a creare fiducia. I dipendenti devono sentirsi liberi di esprimere preoccupazioni o suggerimenti relativi alla privacy senza timore di ripercussioni.

- **Responsabilità e Risposta alle Violazioni**: La leadership deve prendere una posizione forte sulle violazioni della privacy, mostrando una risposta tempestiva e trasparente. La gestione efficace delle violazioni non solo limita il danno, ma dimostra anche l'impegno dell'azienda nel proteggere i dati personali.

In conclusione, la dirigenza ha il compito non solo di guidare l'azienda verso il successo, ma anche di assicurare che questo successo sia costruito su solide fondamenta di rispetto e protezione della privacy. L'approccio della leadership alla privacy influisce direttamente sulla cultura aziendale, sulle politiche interne e sulla percezione esterna dell'organizzazione, rendendo il suo coinvolgimento non solo importante, ma indispensabile.

2. Creazione di una Cultura Aziendale Orientata alla Privacy

La creazione di una cultura aziendale che ponga la privacy al centro delle sue operazioni è essenziale per una gestione efficace dei dati personali. Questa sezione esplora come le organizzazioni possono sviluppare questa cultura, integrando la privacy in tutti gli aspetti dell'attività aziendale.

Sensibilizzazione e Valori Aziendali

- **Incorporazione della Privacy nei Valori Aziendali**: La privacy dovrebbe essere riconosciuta come uno dei valori fondamentali dell'organizzazione. Questo significa trattarla come una parte integrante della missione e della visione aziendale, riflettendo l'impegno dell'organizzazione nella tutela dei dati personali.
- **Promozione della Sensibilizzazione a Tutti i Livelli**: Una cultura della privacy efficace richiede che tutti, dal top management ai nuovi assunti, siano consapevoli

dell'importanza della protezione dei dati. Le iniziative di sensibilizzazione dovrebbero essere regolari e coinvolgere tutti i dipendenti, indipendentemente dal loro ruolo o livello.

Comunicazione e Formazione

- **Formazione Continua**: La formazione sulla privacy e la protezione dei dati dovrebbe essere un processo continuo, non un evento singolo. I programmi di formazione dovrebbero essere aggiornati regolarmente per riflettere i cambiamenti nelle leggi sulla privacy, nelle tecnologie e nelle pratiche migliori.
- **Comunicazione Aperta e Continua**: È fondamentale stabilire canali di comunicazione aperti e trasparenti riguardo alle politiche di privacy e alle pratiche di gestione dei dati. Ciò include l'aggiornamento regolare dei dipendenti su eventuali modifiche alle politiche o alle procedure e la promozione di un dialogo aperto sulle questioni di privacy.

Supporto e Risorse

- **Fornire Risorse Adeguate**: Per sostenere una cultura della privacy, l'organizzazione deve fornire risorse adeguate. Questo include il supporto in termini di tempo, personale e budget per iniziative di privacy, formazione e strumenti di gestione dei dati.
- **Politiche e Procedure Chiare**: Le organizzazioni dovrebbero avere politiche e procedure chiare e facilmente accessibili relative alla gestione dei dati. Queste politiche dovrebbero essere facilmente comprensibili e disponibili per tutti i dipendenti.

Creazione di un Ambiente di Responsabilità Condivisa

- **Promuovere la Responsabilità Individuale**: Ogni dipendente dovrebbe sentirsi responsabile della protezione dei dati personali. La cultura della privacy dovrebbe incoraggiare un approccio proattivo nella gestione dei dati e nella segnalazione di eventuali problemi o vulnerabilità.
- **Esempi di Leadership**: I leader aziendali dovrebbero essere i primi a dimostrare il loro impegno verso la privacy, stabilendo standard elevati di comportamento e decisioni aziendali.

In sintesi, la creazione di una cultura aziendale orientata alla privacy è un processo che richiede impegno, coerenza e partecipazione attiva a tutti i livelli dell'organizzazione. Tale cultura non solo migliora la conformità e riduce il rischio di violazioni dei dati, ma aumenta anche la fiducia dei clienti e rafforza l'immagine pubblica dell'organizzazione.

3. Integrazione della Privacy nella Strategia Aziendale

Integrare efficacemente la privacy nella strategia aziendale significa considerarla non come un obbligo imposto, ma come un elemento chiave che guida le decisioni e le operazioni aziendali. Questo paragrafo esplora come le organizzazioni possono armonizzare la privacy con i loro obiettivi strategici complessivi.

Privacy by Design e by Default

- **Adozione Proattiva del Privacy by Design**: Incorporare la privacy nella progettazione di prodotti, servizi e processi sin dall'inizio. Questo approccio richiede una valutazione delle implicazioni per la privacy in ogni fase di sviluppo e la realizzazione di soluzioni che minimizzino il trattamento dei dati personali e massimizzino la protezione dei dati.
- **Impostare la Privacy come Default**: Assicurare che le impostazioni predefinite dei prodotti o dei servizi offerti

siano quelle che offrono il massimo grado di privacy. Ciò dimostra un impegno a proteggere i dati dei clienti e riduce il rischio di errori umani che potrebbero portare a violazioni dei dati.

Investimenti in Sicurezza e Privacy

- **Priorità degli Investimenti**: Gli investimenti in sicurezza e privacy dovrebbero essere visti come parte essenziale della crescita e della sostenibilità aziendale. Questo include investimenti in tecnologie, infrastrutture, formazione del personale e consulenza legale.
- **Valutazione del Ritorno sull'Investimento (ROI)**: Mentre il ROI per gli investimenti in privacy può essere meno tangibile rispetto ad altre aree, i benefici a lungo termine in termini di riduzione dei rischi, conformità e fiducia dei clienti sono significativi.

Bilanciamento tra Innovazione e Privacy

- **Innovare Responsabilmente**: Le organizzazioni dovrebbero cercare di bilanciare l'innovazione con la tutela della privacy. Questo significa valutare attentamente come le nuove tecnologie o i modelli di business possano influenzare la privacy dei dati e adottare misure adeguate per mitigare eventuali rischi.
- **Anticipazione delle Tendenze del Mercato**: La privacy può essere un fattore chiave nel differenziarsi sul mercato. Prevedere le tendenze e le aspettative dei consumatori in termini di privacy può guidare l'innovazione in modo che sia in linea con i valori della privacy e le esigenze del mercato.

Integrazione Orizzontale della Privacy

- **Coinvolgimento di Tutti i Dipartimenti**: La privacy non dovrebbe essere una preoccupazione solo del reparto legale o IT. È essenziale che tutti i dipartimenti, inclusi marketing, risorse umane, vendite e altri, siano coinvolti e informati sulle pratiche di privacy.

- **Politiche e Procedure Aziendali**: Integrare la privacy nelle politiche e nelle procedure aziendali standard, assicurando che ogni aspetto dell'operatività aziendale sia in linea con i principi di protezione dei dati.

Concludendo, l'integrazione della privacy nella strategia aziendale non è solo una necessità normativa, ma anche un'opportunità strategica. Un approccio che considera la privacy come un vantaggio competitivo e un principio guida può aiutare le organizzazioni a navigare meglio nel panorama digitale moderno, costruendo al contempo fiducia e sostenibilità a lungo termine.

4. Gestione del Cambiamento e dell'Innovazione

In un ambiente aziendale in rapida evoluzione, la capacità di gestire efficacemente il cambiamento e l'innovazione è fondamentale, specialmente quando si tratta di privacy e protezione dei dati. Questo paragrafo esplora come le aziende possono adattarsi e prosperare in un contesto che richiede un equilibrio tra innovazione tecnologica e tutela della privacy.

Adattamento alle Evoluzioni Tecnologiche

- **Monitoraggio delle Tendenze Tecnologiche**: Le aziende devono rimanere aggiornate sulle tendenze tecnologiche emergenti, valutando come queste possano influenzare la gestione dei dati personali. Ciò include la comprensione di nuove minacce alla sicurezza dei dati e l'adattamento delle strategie di protezione di conseguenza.
- **Aggiornamento Continuo delle Pratiche di Privacy**: Man mano che la tecnologia evolve, anche le strategie e le pratiche di privacy devono evolvere. Questo implica un processo di revisione e aggiornamento costante delle

politiche di privacy per garantire che rimangano efficaci e conformi alle normative vigenti.

Innovazione Responsabile

- **Valutazione dell'Impatto sulla Privacy**: Ogni nuova iniziativa o prodotto dovrebbe essere valutato per il suo impatto sulla privacy prima del lancio. Questo include la conduzione di valutazioni d'impatto sulla protezione dei dati (DPIA) per identificare e mitigare i rischi associati al trattamento dei dati personali.
- **Privacy come Driver di Innovazione**: Invece di vedere la privacy come un ostacolo, le aziende dovrebbero considerarla un driver per l'innovazione. Progettare prodotti e servizi con la privacy in mente può portare a soluzioni più sicure, efficienti e attraenti per i consumatori.

Gestione Proattiva dei Rischi

- **Identificazione e Mitigazione dei Rischi**: Le aziende devono identificare proattivamente i potenziali rischi per la privacy e adottare misure preventive. Ciò richiede una comprensione approfondita sia del panorama tecnologico che del quadro normativo in continua evoluzione.
- **Collaborazione e Condivisione delle Conoscenze**: Collaborare con altre organizzazioni, gruppi industriali e autorità normative può aiutare a rimanere all'avanguardia nelle pratiche di privacy. La condivisione delle conoscenze e delle migliori pratiche può essere particolarmente utile in settori altamente innovativi.

Flessibilità e Resilienza Organizzativa

- **Sviluppare una Cultura Organizzativa Flessibile**: Le aziende devono coltivare un ambiente in cui l'adattamento al cambiamento è una norma. Ciò include incoraggiare un

approccio aperto alle nuove idee e alle soluzioni creative
per la gestione dei dati.

- **Costruire Resilienza**: Integrare la resilienza nei processi
  aziendali assicura che l'organizzazione possa rispondere
  efficacemente a eventi imprevisti, come violazioni dei dati
  o cambiamenti normativi, minimizzando l'impatto sulle
  operazioni.

In conclusione, gestire il cambiamento e l'innovazione in modo
efficace richiede una visione proattiva e dinamica della privacy.
L'abilità di una organizzazione di adattarsi rapidamente e
responsabilmente alle evoluzioni tecnologiche e normative non
solo protegge i dati personali, ma può anche rivelarsi un fattore
chiave per il successo e la crescita nel lungo termine.

5. Responsabilità e Accountability

Il concetto di responsabilità (o accountability) è centrale nel GDPR
e nella cultura della privacy in generale. Questo paragrafo
approfondisce come le aziende possono implementare pratiche
che non solo rispettino i requisiti legali, ma che promuovano
anche una cultura di responsabilità e trasparenza in materia di
privacy.

Trasparenza e Responsabilità

- **Cultura della Trasparenza**: Le organizzazioni devono
  promuovere una cultura in cui la trasparenza nella gestione
  dei dati personali è la norma. Ciò include pratiche aperte e
  chiare riguardo alla raccolta, all'uso e alla condivisione dei
  dati.
- **Documentazione e Monitoraggio**: Mantenere un'accurata
  documentazione dei processi di trattamento dei dati e
  delle misure di conformità. Questo non solo aiuta
  nell'eventualità di un controllo, ma serve anche come

strumento interno per monitorare e valutare l'efficacia delle pratiche di privacy.

Rapporto con Stakeholder e Regolatori

- **Comunicazione Proattiva con i Regolatori**: Stabilire una comunicazione regolare e proattiva con le autorità di controllo e i regolatori. Ciò dimostra un impegno alla conformità e può aiutare a mitigare potenziali problemi prima che diventino significativi.
- **Coinvolgimento degli Stakeholder**: Ascoltare e coinvolgere attivamente gli stakeholder, inclusi i clienti, i dipendenti e i partner, nelle politiche e pratiche di privacy. Questo coinvolgimento può fornire feedback preziosi e migliorare la fiducia e la trasparenza.

Responsabilità a Tutti i Livelli

- **Responsabilità a Livello di Leadership**: La dirigenza deve assumere la responsabilità finale delle pratiche di privacy dell'organizzazione, stabilendo standard elevati e assicurando che la privacy sia un aspetto chiave nelle decisioni aziendali.
- **Empowerment dei Dipendenti**: Ogni dipendente deve sentirsi responsabile della protezione dei dati personali. Ciò include la comprensione dei propri ruoli e responsabilità nella gestione dei dati e la sensazione di essere supportati e abilitati a prendere decisioni che rispettino la privacy.

Gestione delle Violazioni e delle Non Conformità

- **Procedure Chiare per le Violazioni dei Dati**: Avere procedure chiare e efficaci per la gestione delle violazioni dei dati è fondamentale. Ciò include la notifica tempestiva delle violazioni alle autorità e agli interessati, se necessario.

- **Apprendimento dalle Non Conformità**: Ogni incidente o non conformità dovrebbe essere visto come un'opportunità di apprendimento. Analizzare gli incidenti per identificarne le cause e migliorare le procedure e le politiche per prevenire future violazioni.

In conclusione, promuovere una cultura di responsabilità e accountability in materia di privacy è fondamentale per qualsiasi organizzazione che miri a gestire efficacemente i dati personali. Questa responsabilità va oltre il semplice rispetto delle leggi: si tratta di costruire un ambiente di fiducia, trasparenza e impegno attivo verso la protezione dei dati a tutti i livelli dell'organizzazione.

6. Caso Studio: Leadership e Privacy in Azione

L'apprendimento attraverso casi studio reali può offrire intuizioni preziose su come la leadership efficace possa influenzare positivamente la gestione della privacy in un'organizzazione. In questo paragrafo, esamineremo un esempio pratico che illustra l'importanza della leadership nella creazione di una cultura aziendale orientata alla privacy.

Caso Studio Selezionato
- **Descrizione dell'Azienda**: Presentazione di un'organizzazione (ad esempio, un'azienda tecnologica, un ente sanitario, o un'istituzione finanziaria) che ha affrontato sfide significative relative alla privacy dei dati.
- **Sfide Iniziali**: Descrizione delle sfide iniziali relative alla privacy, come una violazione dei dati, la non conformità con il GDPR, o la necessità di rafforzare le politiche di privacy a seguito di cambiamenti normativi o di mercato.

Approccio della Leadership alla Privacy

- **Risposta Iniziale**: Come la leadership ha reagito alle sfide iniziali, includendo decisioni strategiche, comunicazioni interne ed esterne, e misure immediate adottate.
- **Strategie a Lungo Termine**: Le strategie implementate per affrontare le sfide di privacy, come la ristrutturazione dei processi aziendali, l'introduzione di nuove politiche, la formazione dei dipendenti e l'investimento in nuove tecnologie.

Risultati e Impatto

- **Miglioramenti nella Gestione della Privacy**: Analisi dei miglioramenti ottenuti, come il rafforzamento della sicurezza dei dati, l'aumento della fiducia dei clienti e una migliore conformità normativa.
- **Lezioni Apprese**: Le principali lezioni apprese dall'azienda, inclusi gli errori fatti e come sono stati corretti, e le migliori pratiche emerse dall'esperienza.

Migliori Pratiche e Takeaway

- **Principi Generalizzabili**: Estrazione di principi e pratiche generalizzabili che possono essere applicati in altre organizzazioni, indipendentemente dal settore o dalla dimensione.
- **Consigli per Altre Aziende**: Suggerimenti pratici e consigli per le aziende che affrontano sfide simili nella gestione della privacy dei dati.

Concludendo, il caso studio offre una visione concreta di come la leadership influente e consapevole possa trasformare le sfide della privacy in opportunità per rafforzare l'organizzazione. Attraverso decisioni strategiche, investimenti mirati e coinvolgimento attivo, la leadership può guidare un'organizzazione verso una cultura della privacy più robusta e sostenibile.

7. Considerazioni finali: Verso una Leadership Orientata alla Privacy

Nel concludere questo capitolo, si riafferma l'importanza fondamentale di una leadership orientata alla privacy nell'ambiente aziendale moderno. La gestione dei dati personali non è più un aspetto marginale delle operazioni aziendali, ma un elemento centrale che richiede attenzione, comprensione e azione a livello esecutivo.

Riepilogo dei Concetti Chiave

- Abbiamo esplorato come un coinvolgimento attivo della dirigenza può modellare positivamente l'approccio di un'organizzazione alla privacy, creando una cultura aziendale che valorizza e protegge i dati personali.
- La necessità di integrare la privacy nelle decisioni strategiche aziendali è stata evidenziata come un fattore critico per garantire sia la conformità normativa sia il successo a lungo termine.
- L'importanza di adattarsi al cambiamento e di promuovere un'innovazione responsabile è stata sottolineata come essenziale per mantenere una gestione dei dati sicura e rispettosa della privacy.
- Abbiamo anche discusso la necessità di una responsabilità condivisa e di una comunicazione aperta e trasparente in materia di privacy.

Prossimi Passi per i Leader

- **Riflessione e Valutazione**: I leader dovrebbero riflettere regolarmente sulle loro politiche e pratiche di privacy per assicurarsi che rimangano efficaci e in linea con le aspettative sia normative sia dei consumatori.
- **Formazione Continua**: Rimane essenziale che i leader si impegnino in un apprendimento continuo sulle tendenze

della privacy, le evoluzioni tecnologiche e i cambiamenti normativi.

- **Dialogo Aperto con i Team**: Incoraggiare un dialogo aperto e costruttivo con i vari team aziendali può portare a una migliore comprensione delle sfide della privacy e a soluzioni innovative.
- **Leadership Esemplare**: Continuare a essere un esempio nel rispetto della privacy, dimostrando con azioni e decisioni il valore che si attribuisce alla protezione dei dati personali.

In sintesi, la leadership orientata alla privacy è una filosofia di gestione che riconosce il valore e l'importanza dei dati personali. Questo approccio aiuta a costruire organizzazioni resilienti, responsabili e fidate, capaci di navigare con successo nel complesso panorama della privacy moderna.

CAPITOLO III
Valutazione dei rischi e Compliance

Sommario: 1. Comprensione dei Rischi della Privacy. 2. Strumenti e Metodi per la Valutazione dei Rischi. 3. Strategie per Garantire la Conformità. 4. Gestione e Mitigazione dei Rischi. 5. Monitoraggio e Revisione. 6. Collaborazione con Autorità e Esperti di Settore. 7. Conclusione: Verso una Gestione dei Rischi Proattiva e Conforme.

1. Comprensione dei Rischi della Privacy

Il primo passo fondamentale nella gestione efficace della privacy e della protezione dei dati è comprendere i vari rischi associati al loro trattamento. Questa comprensione aiuta le organizzazioni a identificare le aree vulnerabili e a sviluppare strategie appropriate per mitigare tali rischi.

Identificazione dei Rischi

- **Tipologie di Rischi**: Esplorazione dei diversi tipi di rischi legati alla privacy, che possono includere rischi legali (come la non conformità alle leggi sulla protezione dei dati), rischi operativi (come la perdita o il furto di dati), e rischi di reputazione (dovuti a violazioni dei dati che influenzano la fiducia dei clienti e l'immagine pubblica).
- **Fonti dei Rischi**: Identificazione delle fonti comuni di rischi per la privacy, che possono variare da processi interni inefficienti a minacce esterne come attacchi informatici o falle di sicurezza tecnologiche.

Analisi dei Rischi

- **Valutazione dei Rischi**: Descrizione dei metodi per valutare i rischi associati al trattamento dei dati personali. Questo processo dovrebbe considerare la probabilità che un rischio si verifichi e l'impatto potenziale in caso si concretizzi.
- **Fattori da Considerare**: Discussione sui fattori da considerare nella valutazione dei rischi, come il volume e la natura dei dati trattati, i processi di trattamento dei dati, le tecnologie utilizzate e il contesto operativo dell'organizzazione.

Rischi Emergenti

- **Adattamento ai Cambiamenti**: Sottolineatura dell'importanza di rimanere aggiornati sui cambiamenti nel panorama tecnologico e normativo che possono introdurre nuovi rischi per la privacy.

- **Rischi Associati alle Nuove Tecnologie**: Considerazione dei rischi specifici associati all'adozione di nuove tecnologie, come l'intelligenza artificiale, il cloud computing e l'Internet delle Cose (IoT), che possono presentare sfide uniche in termini di raccolta, archiviazione e gestione dei dati personali.

In conclusione, una comprensione approfondita dei rischi legati alla privacy è essenziale per qualsiasi strategia efficace di gestione dei dati. Riconoscere e valutare questi rischi permette alle organizzazioni di prendere misure preventive e di reagire in modo più efficace in caso di incidenti, salvaguardando così sia i dati personali che la loro reputazione.

2. Strumenti e Metodi per la Valutazione dei Rischi

Per gestire i rischi associati alla privacy e alla protezione dei dati, le organizzazioni devono disporre di strumenti e metodi efficaci per la loro valutazione. Questi strumenti aiutano a identificare, analizzare e graduare i rischi, fornendo una base solida per le decisioni strategiche di mitigazione.

Valutazioni d'Impatto sulla Protezione dei Dati (DPIA)

- **Quando Condurre una DPIA**: Spiegazione delle circostanze in cui è richiesta una DPIA, come in caso di nuovi processi di trattamento dei dati che possono comportare un alto rischio per i diritti e le libertà degli individui.
- **Passaggi per Eseguire una DPIA**: Guida passo-passo sul processo di DPIA, che include l'identificazione e la valutazione dei rischi, la consultazione con le parti interessate, e la definizione di misure per mitigare i rischi identificati.

Checklist e Audit Interni

- **Sviluppo di Checklist per la Privacy**: Creazione di checklist personalizzate per valutare regolarmente le pratiche di privacy interne, assicurando che coprano tutti gli aspetti critici del trattamento dei dati.
- **Audit Interni**: Implementazione di audit interni periodici per valutare la conformità con le politiche di privacy e le normative. Gli audit dovrebbero essere condotti da personale competente e, quando necessario, con il supporto di esperti esterni.

Uso di Software e Strumenti di Analisi dei Rischi

- **Strumenti Tecnologici**: Presentazione di software e strumenti tecnologici che possono facilitare il processo di valutazione dei rischi, come soluzioni per la mappatura dei dati e sistemi di gestione dei rischi.
- **Analisi Continua**: Incoraggiare l'uso di questi strumenti per una valutazione continua dei rischi, piuttosto che come un'attività una tantum.

Formazione e Coinvolgimento del Personale

- **Formazione sul Riconoscimento dei Rischi**: Assicurare che i dipendenti a tutti i livelli siano formati per riconoscere i potenziali rischi per la privacy nel loro lavoro quotidiano.
- **Cultura della Segnalazione**: Promuovere una cultura in cui i dipendenti si sentano abilitati a segnalare potenziali rischi per la privacy, contribuendo così al processo di valutazione dei rischi.

In conclusione, utilizzare strumenti e metodi efficaci per la valutazione dei rischi è essenziale per una gestione proattiva della privacy e della protezione dei dati. Queste pratiche non solo aiutano a identificare e mitigare i rischi prima che diventino problemi, ma rafforzano anche la cultura della conformità e della responsabilità all'interno dell'organizzazione.

3. Strategie per Garantire la Conformità

La conformità con le normative sulla privacy e protezione dei dati è un aspetto cruciale per ogni organizzazione. Questo paragrafo esplora le strategie chiave che le aziende possono implementare per garantire che le loro operazioni siano in linea con le leggi e i regolamenti vigenti in materia di privacy.

Piani di Conformità

- **Sviluppo di Piani di Conformità**: Creazione di piani di conformità dettagliati che includano politiche specifiche, procedure operative e linee guida per la gestione dei dati. Questi piani dovrebbero essere personalizzati in base alle specifiche esigenze e ai rischi dell'organizzazione.
- **Aggiornamenti Regolari**: Assicurare che i piani di conformità siano soggetti a revisioni e aggiornamenti regolari per riflettere eventuali cambiamenti nelle leggi sulla privacy, nelle prassi operative o nel panorama dei rischi.

Ruolo della Governance dei Dati

- **Implementazione di una Governance dei Dati**: Stabilire una struttura di governance dei dati che sovrintenda a tutte le attività di trattamento dei dati, garantendo che siano conformi alle politiche interne e ai requisiti normativi.
- **Responsabilità e Ruoli Chiari**: Definire chiaramente i ruoli e le responsabilità all'interno dell'organizzazione per quanto riguarda la gestione dei dati, assicurando che ci sia una chiara catena di responsabilità.

Formazione e Sensibilizzazione del Personale

- **Programmi di Formazione Continua**: Sviluppare e implementare programmi di formazione continui per assicurare che tutti i dipendenti siano informati e aggiornati sulle leggi sulla privacy e su come queste influenzano le loro responsabilità quotidiane.
- **Cultura di Conformità**: Promuovere una cultura aziendale che valorizzi la conformità normativa e la protezione dei dati come parte integrante delle operazioni aziendali.

Monitoraggio e Valutazione

- **Audit e Controlli Interni**: Condurre audit e controlli interni regolari per valutare l'efficacia delle politiche e delle procedure di conformità.
- **Feedback e Miglioramenti Continui**: Utilizzare i risultati degli audit per identificare aree di miglioramento e per apportare modifiche alle politiche e alle procedure di conformità.

Collaborazione e Comunicazione Esterna

- **Rapporti con Autorità e Consulenti**: Mantenere rapporti proattivi con le autorità di regolamentazione e, se necessario, consultare esperti legali e consulenti sulla privacy per orientarsi nelle complessità delle leggi sulla protezione dei dati.
- **Trasparenza con Clienti e Partner**: Comunicare in modo trasparente con clienti e partner su come i loro dati vengono gestiti e protetti, rafforzando così la fiducia e la credibilità.

In conclusione, assicurare la conformità alle normative sulla privacy non è un compito una tantum, ma un processo continuo che richiede impegno, vigilanza e un approccio sistematico. Implementando strategie solide di conformità, le organizzazioni non solo evitano rischi legali e finanziari, ma costruiscono anche una solida reputazione di fiducia e responsabilità nei confronti dei loro clienti e del mercato.

4. Gestione e Mitigazione dei Rischi

La gestione e la mitigazione dei rischi sono componenti essenziali nella strategia di privacy e protezione dei dati di un'organizzazione. Questo paragrafo analizza come identificare e trattare efficacemente i rischi per ridurne l'impatto e garantire la sicurezza dei dati.

Mitigazione dei Rischi

- **Strategie di Mitigazione**: Sviluppo di strategie specifiche per mitigare i rischi identificati durante la valutazione dei rischi. Queste possono includere miglioramenti tecnologici, cambiamenti nei processi di trattamento dei dati, e rafforzamento delle misure di sicurezza.
- **Graduazione dei Rischi**: Identificare e dare priorità ai rischi in base al loro impatto potenziale e alla probabilità di occorrenza. Ciò assicura che le risorse siano allocate in modo efficace per affrontare i rischi più critici.

Piani di Risposta alle Emergenze

- **Sviluppo di Piani di Emergenza**: Preparazione di piani di emergenza dettagliati per rispondere a violazioni dei dati e ad altri incidenti legati alla privacy. Questi piani dovrebbero includere procedure chiare per la notifica delle violazioni, la mitigazione del danno e la ripresa delle operazioni.
- **Formazione e Simulazioni**: Conduzione di esercitazioni regolari e formazione del personale su come rispondere in caso di emergenza relativa ai dati. Questo aiuta a garantire che l'organizzazione sia pronta a reagire in modo rapido ed efficace.

Misure di Sicurezza Avanzate

- **Implementazione di Tecnologie di Sicurezza**: Adottare tecnologie avanzate per la protezione dei dati, come la crittografia, il controllo degli accessi e i sistemi di rilevamento e prevenzione delle intrusioni.
- **Sicurezza a Livelli Multipli**: Adottare un approccio stratificato alla sicurezza, che includa sia misure fisiche sia digitali, per proteggere i dati in tutti i punti del loro ciclo di vita.

Revisione e Aggiornamento Continui

- **Monitoraggio Costante**: Monitorare costantemente l'efficacia delle misure di mitigazione dei rischi e apportare aggiustamenti quando necessario.
- **Aggiornamenti delle Politiche**: Aggiornare regolarmente le politiche e le procedure per riflettere i cambiamenti nel panorama dei rischi e nelle tecnologie disponibili.

Collaborazione e Condivisione delle Informazioni

- **Lavorare con Altri**: Collaborare con altre organizzazioni, gruppi industriali e esperti per condividere le conoscenze e le migliori pratiche nella gestione dei rischi.
- **Rapporti con le Autorità**: In caso di incidenti significativi, lavorare in stretta collaborazione con le autorità di regolamentazione per gestire la situazione in modo trasparente e responsabile.

In conclusione, un'efficace gestione e mitigazione dei rischi richiede un approccio proattivo, strategie ben pianificate e la capacità di adattarsi rapidamente a nuove informazioni e cambiamenti nel contesto aziendale e tecnologico. Adottando queste pratiche, le organizzazioni possono non solo minimizzare i rischi per la privacy, ma anche rafforzare la loro resilienza complessiva e la fiducia dei clienti.

5. Monitoraggio e Revisione

Il monitoraggio e la revisione sono fondamentali per mantenere un alto livello di conformità e per gestire efficacemente i rischi legati alla privacy e alla protezione dei dati. In questo paragrafo, esploriamo come le organizzazioni possono implementare processi per la valutazione costante delle loro politiche e pratiche relative alla privacy.

Processi di Revisione Regolare

- **Revisioni Periodiche**: Implementare un programma di revisioni periodiche delle politiche, delle procedure e delle pratiche di gestione dei dati. Questo aiuta a identificare e correggere eventuali lacune o inefficienze nel tempo.
- **Aggiornamenti Basati sul Feedback**: Utilizzare il feedback raccolto dalle revisioni per apportare miglioramenti continui alle politiche e alle pratiche di privacy.

Aggiornamenti Normativi e di Settore

- **Monitoraggio delle Tendenze Legali e Normative**: Mantenere un aggiornamento costante sulle nuove leggi, regolamenti e linee guida in materia di privacy e protezione dei dati a livello nazionale e internazionale.
- **Adattamento alle Novità di Settore**: Essere consapevoli delle tendenze emergenti e delle best practice del settore, integrando le nuove conoscenze nelle strategie di privacy dell'organizzazione.

Audit Interni ed Esterni

- **Conduzione di Audit**: Eseguire audit interni ed esterni regolari per valutare la conformità e l'efficacia delle misure di protezione dei dati. Gli audit esterni possono offrire una prospettiva imparziale e specialistica.

- **Rispondere ai Risultati degli Audit**: Agire rapidamente sui risultati degli audit per affrontare qualsiasi problema identificato e per rafforzare le strategie di gestione dei dati.

Analisi dei Dati e Reporting
- **Strumenti di Analisi dei Dati**: Utilizzare strumenti avanzati per analizzare i dati raccolti dalle varie attività di monitoraggio e valutazione, fornendo così insight preziosi per decisioni future.
- **Reporting Regolare**: Preparare report regolari sullo stato della privacy e della protezione dei dati all'interno dell'organizzazione, inclusi i progressi realizzati e le aree che necessitano di ulteriori miglioramenti.

Coinvolgimento di Tutti i Livelli dell'Organizzazione
- **Responsabilità Condivisa**: Assicurare che il monitoraggio e la revisione della privacy non siano limitati solo ai team legali o IT, ma siano una responsabilità condivisa all'interno dell'organizzazione.
- **Formazione Continua**: Mantenere programmi di formazione continui per il personale su tutti i livelli, assicurando che siano consapevoli delle politiche attuali e dei loro ruoli nel sostenerle.

In conclusione, un approccio continuo di monitoraggio e revisione assicura che un'organizzazione non solo rimanga conforme con le leggi sulla privacy, ma sia anche in grado di adattarsi rapidamente a nuove sfide e opportunità. Questo processo continuo di valutazione e miglioramento sostiene l'efficacia a lungo termine delle strategie di privacy e protezione dei dati.

6. Collaborazione con Autorità e Esperti di Settore

La collaborazione con l'Autorità Garante e gli esperti di settore è un aspetto cruciale per navigare efficacemente nel complesso panorama della privacy e della protezione dei dati. Questo paragrafo esamina come le organizzazioni possono trarre vantaggio da queste collaborazioni per migliorare la loro gestione della privacy e conformità.

Interazione con Autorità Garanti

- **Dialogo Proattivo**: Mantenere un dialogo proattivo con le Autorità Garanti nazionali e internazionali. Questo può aiutare a garantire che l'organizzazione sia sempre allineata con le ultime interpretazioni normative e le migliori pratiche.
- **Risposta a Richieste e Indagini**: Collaborare in modo trasparente e costruttivo con le autorità di controllo in caso di indagini o richieste di informazioni, dimostrando un approccio aperto e responsabile.

Rete di Esperti

- **Consulenza Esterna**: Utilizzare la consulenza di esperti legali, consulenti sulla privacy e altri professionisti del settore per navigare in aree complesse della normativa sulla privacy e per implementare soluzioni innovative.
- **Workshop e Formazione**: Partecipare a workshop, seminari e sessioni di formazione guidate da esperti per rimanere aggiornati sulle ultime tendenze e sviluppi nel campo della privacy e della protezione dei dati.

Collaborazione e Condivisione delle Conoscenze

- **Network di Settore**: Partecipare attivamente a network di settore, tavole rotonde e forum per condividere esperienze, sfide e soluzioni con altre organizzazioni.
- **Partecipazione a Iniziative Comuni**: Coinvolgersi in iniziative comuni o progetti di collaborazione per

sviluppare standard di settore, linee guida e best practice condivise.

Feedback e Benchmarking
- **Utilizzo del Feedback per il Miglioramento**: Raccogliere e utilizzare il feedback ricevuto dalle autorità e dagli esperti per affinare e migliorare le strategie di gestione della privacy.
- **Benchmarking**: Confrontare le proprie pratiche di privacy e conformità con quelle di organizzazioni simili nel settore per identificare aree di forza e opportunità di miglioramento.

Contributo alla Politica e alla Normativa
- **Partecipazione alla Formazione delle Politiche**: Essere attivi nella discussione e nella formazione delle politiche di privacy a livello nazionale e internazionale, contribuendo con esperienze e prospettive aziendali.
- **Advocacy e Rappresentanza del Settore**: Rappresentare gli interessi e le preoccupazioni del proprio settore nelle discussioni normative e politiche, contribuendo a plasmare un ambiente regolamentare equilibrato e praticabile.

In conclusione, la collaborazione con le autorità e gli esperti di settore non solo migliora la conformità e la gestione dei rischi, ma consente anche alle organizzazioni di svolgere un ruolo attivo nello sviluppo del panorama normativo e nelle best practice del settore. Questo approccio collaborativo può portare a una maggiore fiducia da parte delle autorità di regolamentazione, dei partner e dei clienti, rafforzando la reputazione dell'organizzazione in materia di privacy e protezione dei dati.

7. Conclusione: Verso una Gestione dei Rischi Proattiva e Conforme

Concludendo il terzo capitolo, ribadiamo l'importanza di una gestione dei rischi proattiva e conforme nel contesto della privacy e della protezione dei dati. Un approccio efficace alla gestione dei rischi non solo previene le conseguenze negative, ma rafforza anche la fiducia e la credibilità dell'organizzazione nel suo insieme.

Sintesi dei Punti Chiave

- Abbiamo esplorato l'importanza di una comprensione approfondita dei rischi per la privacy, che è fondamentale per sviluppare una strategia di gestione dei dati efficace e sicura.
- Le discussioni sugli strumenti e i metodi per la valutazione dei rischi, come le DPIA e gli audit interni, evidenziano come un'analisi accurata sia essenziale per identificare e mitigare i potenziali pericoli.
- Le strategie per garantire la conformità e le pratiche per la gestione e la mitigazione dei rischi sottolineano l'importanza di un approccio proattivo e strategico alla privacy.
- Infine, abbiamo esaminato l'importanza del monitoraggio e della revisione continui, e come la collaborazione con autorità e esperti di settore possa arricchire e rafforzare le pratiche di gestione dei rischi di un'organizzazione.

Cultura della Compliance Proattiva

- Si sottolinea l'importanza di una cultura aziendale che promuova e sostenga una gestione proattiva dei rischi e la conformità normativa. Questo non solo riduce il rischio di violazioni dei dati e di non conformità, ma migliora anche la fiducia dei clienti e la reputazione dell'azienda.
- Una cultura della compliance proattiva si basa su una formazione continua, comunicazione aperta e un impegno a tutti i livelli dell'organizzazione, dalla leadership ai dipendenti.

Impatto della Gestione dei Rischi sulla Sostenibilità Aziendale

- La gestione efficace dei rischi non è solo una questione di conformità legale; è un elemento fondamentale che influisce sulla sostenibilità e sul successo a lungo termine dell'azienda.
- Attraverso pratiche di gestione dei rischi ben strutturate e conformi, le organizzazioni possono navigare più sicuramente in un ambiente sempre più digitalizzato e orientato ai dati.

In conclusione, il terzo capitolo mette in luce l'importanza critica di una gestione dei rischi proattiva e conforme nel campo della privacy e della protezione dei dati. Adottando un approccio olistico e sistematico, le organizzazioni possono non solo rispettare le normative vigenti, ma anche anticipare e mitigare efficacemente i rischi futuri, posizionandosi come leader fidati e responsabili nell'era digitale.

CAPITOLO IV
Strumenti e tecnologie per la privacy

Sommario: 1. Panoramica delle Tecnologie per la Protezione dei Dati. 2. Crittografia e Anonimizzazione. 3. Controllo degli Accessi e Autenticazione. 4. Gestione dei Dati e Privacy by Design. 5.

Monitoraggio e Rilevazione delle Minacce. 6. Cloud Computing e Sicurezza dei Dati. 7. Valutazione e Sviluppo Continuo. 8. Conclusione: Integrare le Tecnologie nella Strategia di Privacy.

1. Panoramica delle Tecnologie per la Protezione dei Dati

In un'era caratterizzata da un'intensa attività digitale e da una crescente raccolta di dati, l'uso efficace delle tecnologie per la protezione dei dati è diventato indispensabile per ogni organizzazione. Questo paragrafo offre una panoramica delle tecnologie fondamentali che supportano la privacy e la sicurezza dei dati, sottolineando la loro importanza e le considerazioni per la loro implementazione.

Tecnologie Chiave per la Protezione dei Dati

- **Crittografia**: Esplorazione del ruolo della crittografia nel proteggere i dati personali, sia in transito che in archiviazione. La crittografia trasforma i dati in un formato leggibile solo da chi possiede la chiave di decrittazione, proteggendoli da accessi non autorizzati.
- **Controllo degli Accessi**: Importanza dei sistemi di controllo degli accessi per garantire che solo il personale autorizzato possa accedere ai dati sensibili. Questi sistemi possono variare da semplici password a soluzioni più complesse come l'autenticazione multifattore.
- **Backup e Recupero dei Dati**: L'uso di strumenti di backup e recupero per prevenire la perdita di dati e garantire la continuità operativa in caso di incidenti come guasti hardware o attacchi informatici.

Valutazione delle Tecnologie

- **Adeguamento alle Esigenze Aziendali**: Considerazioni su come scegliere e implementare le tecnologie in base alle specifiche esigenze e al contesto operativo dell'organizzazione. Ciò include la valutazione del tipo di dati gestiti, delle risorse disponibili e dei requisiti normativi.

- **Sicurezza e Conformità**: Analisi delle implicazioni per la sicurezza e la conformità delle varie tecnologie. È fondamentale che le tecnologie adottate non solo proteggano efficacemente i dati, ma siano anche conformi alle normative sulla privacy e protezione dei dati vigenti.

Trend e Sviluppi Futuri

- **Monitoraggio delle Innovazioni Tecnologiche**: Mantenere un approccio proattivo nel monitorare le innovazioni tecnologiche nel campo della sicurezza dei dati, come l'intelligenza artificiale e il blockchain, per valutare come possono essere integrate nelle strategie di protezione dei dati.
- **Valutazione Costante**: Incoraggiare una valutazione costante delle tecnologie esistenti per assicurare che rimangano efficaci contro le nuove minacce e in linea con le evoluzioni normative e di mercato.

In conclusione, una comprensione approfondita delle tecnologie per la protezione dei dati è essenziale per qualsiasi strategia efficace di privacy e sicurezza dei dati. Attraverso una selezione accurata e un utilizzo consapevole di queste tecnologie, le organizzazioni possono rafforzare significativamente la loro capacità di proteggere i dati sensibili e di conformarsi alle normative vigenti.

2. Crittografia e Anonimizzazione

La crittografia e l'anonimizzazione sono strumenti essenziali nel toolkit per la privacy e la protezione dei dati di un'organizzazione. Questo paragrafo approfondisce come queste tecnologie possono essere utilizzate per proteggere i dati personali e ridurre i rischi associati al loro trattamento.

Applicazioni della Crittografia

- **Protezione dei Dati in Transito e in Archiviazione**: Esplorazione dell'uso della crittografia per proteggere i dati durante la trasmissione su reti non sicure e per la loro archiviazione. Questo include l'uso di protocolli crittografici come SSL/TLS per la trasmissione sicura dei dati e la crittografia del disco o del file per i dati in archiviazione.
- **Crittografia a Chiave Pubblica e Privata**: Discussione sui diversi tipi di crittografia, in particolare la crittografia a chiave pubblica (asimmetrica) e privata (simmetrica), e come possono essere impiegati per diversi scopi all'interno dell'organizzazione.

Tecniche di Anonimizzazione

- **Anonimizzazione e Pseudonimizzazione**: Differenziazione tra anonimizzazione e pseudonimizzazione. Mentre l'anonimizzazione rimuove ogni possibile collegamento ai dati con un individuo identificabile, la pseudonimizzazione sostituisce identificatori unici con pseudonimi per impedire l'identificazione diretta.
- **Applicazioni Pratiche**: Illustrazione di come l'anonimizzazione e la pseudonimizzazione possono essere utilizzate, ad esempio, in analisi dati e ricerca, riducendo i rischi legati alla privacy senza compromettere l'utilità dei dati.

Scelta degli Strumenti di Crittografia e Anonimizzazione

- **Valutazione degli Strumenti**: Come valutare e scegliere gli strumenti di crittografia e anonimizzazione più adatti in base alle esigenze specifiche dell'organizzazione, considerando fattori come la natura dei dati trattati e i requisiti di conformità.

- **Best Practice per l'Implementazione**: Linee guida sulle best practice per l'implementazione della crittografia e dell'anonimizzazione, inclusa la formazione del personale sull'uso corretto di queste tecnologie e la verifica periodica della loro efficacia.

Equilibrio tra Sicurezza e Accessibilità

- **Accesso ai Dati Crittografati**: Considerazioni sulla gestione dell'accesso ai dati crittografati, assicurando che i dati siano accessibili solo a personale autorizzato e in contesti appropriati.
- **Gestione delle Chiavi Crittografiche**: L'importanza di un'efficace gestione delle chiavi crittografiche, inclusa la loro creazione, distribuzione, archiviazione e revoca, per mantenere la sicurezza dei dati.

In conclusione, la crittografia e l'anonimizzazione sono strumenti potenti per migliorare la sicurezza dei dati e la conformità normativa. Implementati correttamente, possono fornire un livello significativo di protezione per i dati personali, aiutando le organizzazioni a ridurre i rischi di violazioni della privacy e a rafforzare la fiducia dei loro clienti e utenti.

3. Controllo degli Accessi e Autenticazione

Il controllo degli accessi e l'autenticazione sono componenti fondamentali per garantire che i dati personali siano accessibili solo al personale autorizzato. In questo paragrafo, esploriamo come queste tecnologie possano essere impiegate per rafforzare la sicurezza dei dati e prevenire accessi non autorizzati.

Sistemi di Controllo degli Accessi

- **Implementazione di Controlli Basati sui Ruoli**: Descrizione di come i sistemi di controllo degli accessi basati sui ruoli possono essere utilizzati per limitare l'accesso ai dati in base alle responsabilità e alle esigenze del lavoro. Questo approccio assicura che ogni dipendente possa accedere solo ai dati necessari per svolgere le proprie mansioni.

- **Gestione degli Accessi ai Dati Sensibili**: Focus sulla gestione dell'accesso ai dati sensibili, come quelli finanziari o sanitari, che richiedono livelli superiori di protezione e controllo.

Politiche di Autenticazione

- **Autenticazione a Più Fattori (MFA)**: Discussione sull'importanza dell'implementazione dell'autenticazione a più fattori, che aggiunge un ulteriore strato di sicurezza oltre alla semplice password, richiedendo agli utenti di fornire due o più forme di identificazione.
- **Password Forti e Gestione delle Credenziali**: Sottolineare l'importanza di politiche di password forti e della gestione delle credenziali, incluso il cambio regolare delle password e l'uso di gestori di password sicuri.

Tecnologie e Strumenti di Autenticazione

- **Tecnologie Biometriche**: Esplorazione dell'uso delle tecnologie biometriche, come il riconoscimento delle impronte digitali o del volto, per l'autenticazione. Valutazione dei loro vantaggi e delle considerazioni sulla privacy associati al loro utilizzo.
- **Sistemi di Autenticazione Dinamica**: Discussione su sistemi di autenticazione dinamica, come quelli che utilizzano token di sicurezza temporanei o notifiche push, che offrono un livello superiore di sicurezza rispetto alle password tradizionali.

Monitoraggio e Revisione dei Controlli di Accesso

- **Audit e Monitoraggio Continuo**: Sottolineare l'importanza di audit regolari e del monitoraggio continuo dei sistemi di controllo degli accessi per identificare e risolvere eventuali vulnerabilità o comportamenti sospetti.

- **Aggiornamenti e Miglioramenti Continui**: La necessità di aggiornare e migliorare continuamente i sistemi di controllo degli accessi e le politiche di autenticazione per affrontare nuove minacce e cambiamenti tecnologici.

In conclusione, un sistema efficace di controllo degli accessi e di autenticazione è vitale per la sicurezza dei dati personali. Implementando politiche e tecnologie appropriate, le organizzazioni possono garantire che l'accesso ai dati sia rigorosamente regolamentato e protetto, riducendo significativamente il rischio di violazioni dei dati e aumentando la fiducia nella loro capacità di proteggere le informazioni sensibili.

4. Gestione dei Dati e Privacy by Design

La gestione efficace dei dati e l'adozione del principio di "Privacy by Design" sono fondamentali per garantire che la privacy sia integrata in tutti gli aspetti delle operazioni aziendali. In questo paragrafo, esploriamo come gli strumenti per la gestione dei dati e l'approccio Privacy by Design possono essere implementati per rafforzare la protezione dei dati personali.

Strumenti per la Gestione dei Dati

- **Sistemi di Gestione dei Dati (DMS)**: Presentazione dei sistemi di gestione dei dati che consentono alle organizzazioni di archiviare, recuperare e gestire i dati in modo efficiente e sicuro. Discussione su come questi sistemi possano essere utilizzati per garantire che i dati siano trattati in modo conforme e responsabile.
- **Catalogazione e Classificazione dei Dati**: Importanza della catalogazione e della classificazione accurata dei dati per una gestione efficace. Ciò include identificare i dati sensibili e applicare controlli di sicurezza adeguati.

Implementazione del Privacy by Design

- **Integrazione della Privacy Nello Sviluppo**: Descrizione di come il concetto di Privacy by Design possa essere integrato nello sviluppo di prodotti e servizi. Ciò implica considerare la privacy fin dalle fasi iniziali di progettazione e sviluppo, assicurando che la tutela dei dati personali sia una priorità.
- **Valutazioni Proattive**: Sottolineare l'importanza di condurre valutazioni proattive dell'impatto sulla privacy (DPIA) durante lo sviluppo di nuovi prodotti o servizi, per identificare e mitigare i rischi per la privacy fin dall'inizio.

Linee Guida e Framework

- **Adozione di Linee Guida per la Privacy**: Discutere l'importanza di adottare linee guida e framework riconosciuti per la Privacy by Design, come quelli forniti dalle autorità di regolamentazione o da organizzazioni di standardizzazione.
- **Collaborazione tra Reparti**: Enfatizzare l'importanza della collaborazione tra i reparti IT, legali, di compliance e di sviluppo del prodotto per garantire un'implementazione efficace del Privacy by Design.

Formazione e Consapevolezza

- **Programmi di Formazione**: Implementare programmi di formazione per garantire che il personale di tutti i livelli comprenda l'importanza della Privacy by Design e sia in grado di applicare i principi relativi nella loro attività quotidiana.
- **Cultura Organizzativa Orientata alla Privacy**: Promuovere una cultura organizzativa che valorizzi la privacy, incoraggiando un approccio olistico alla protezione dei dati personali in tutte le operazioni aziendali.

In conclusione, la gestione dei dati e l'adozione della Privacy by Design sono aspetti essenziali per creare un ambiente aziendale sicuro e conforme alle normative sulla privacy. Attraverso l'uso di strumenti di gestione dei dati adeguati e l'integrazione della privacy in tutte le fasi di sviluppo e operazione, le organizzazioni possono garantire una protezione efficace dei dati personali e un rispetto costante dei diritti alla privacy degli individui.

5. Monitoraggio e Rilevazione delle Minacce

Il monitoraggio costante e la rilevazione tempestiva delle minacce sono essenziali per proteggere i dati personali e prevenire violazioni della privacy. In questo paragrafo, discuteremo come le organizzazioni possono utilizzare tecnologie e pratiche avanzate per identificare e rispondere efficacemente alle minacce alla sicurezza dei dati.

Soluzioni di Monitoraggio dei Dati

- **Strumenti di Monitoraggio**: Presentazione di strumenti e software avanzati che consentono alle organizzazioni di monitorare continuamente l'accesso e l'uso dei dati personali. Ciò include soluzioni di monitoraggio del traffico di rete, log di accesso e sistemi di gestione degli eventi di sicurezza (SIEM).
- **Analisi Comportamentale**: L'utilizzo di tecniche di analisi comportamentale per identificare comportamenti anomali che potrebbero indicare una potenziale violazione dei dati o un tentativo di intrusione.

Risposta alle Minacce

- **Protocolli di Risposta alle Minacce**: Sviluppo di protocolli chiari e piani di risposta alle minacce che delineino le azioni da intraprendere in caso di rilevamento di attività sospette o violazioni dei dati.

- **Piani di Contingenza e di Recupero**: Preparazione di piani di contingenza e di recupero dei dati per ridurre l'impatto di eventuali violazioni e ripristinare rapidamente le operazioni normali.

Aggiornamenti e Patch di Sicurezza

- **Manutenzione Regolare**: Mantenere i sistemi aggiornati con le ultime patch di sicurezza per proteggere contro vulnerabilità note e emergenti.
- **Valutazione Regolare della Sicurezza del Software**: Condurre valutazioni regolari della sicurezza del software utilizzato, assicurandosi che soddisfi gli standard attuali e applicando aggiornamenti o patch quando necessario.

Formazione del Personale e Sensibilizzazione

- **Formazione sulla Sicurezza**: Implementare programmi di formazione regolari per il personale su come riconoscere e rispondere a potenziali minacce alla sicurezza dei dati.
- **Cultura della Sicurezza dei Dati**: Promuovere una cultura organizzativa che valorizzi la sicurezza dei dati, incoraggiando il personale a essere vigile e a segnalare eventuali attività sospette.

Collaborazione e Condivisione delle Informazioni

- **Rete di Collaborazione per la Sicurezza**: Partecipare a reti di collaborazione per la sicurezza e condividere informazioni sulle minacce con altre organizzazioni e autorità di regolamentazione, per rimanere aggiornati sulle ultime minacce e migliori pratiche di risposta.

Analisi Continua e Miglioramento

- **Valutazione Costante**: Valutare costantemente l'efficacia delle strategie di monitoraggio e rilevazione delle minacce, apportando miglioramenti basati sui risultati e sui feedback.

In conclusione, un approccio robusto al monitoraggio e alla rilevazione delle minacce è fondamentale per una protezione efficace dei dati personali. Attraverso l'implementazione di strumenti avanzati, la formazione del personale, e la creazione di piani di risposta e di recupero solidi, le organizzazioni possono ridurre significativamente il rischio di violazioni dei dati e migliorare la loro capacità di rispondere a incidenti di sicurezza.

6. Cloud Computing e Sicurezza dei Dati

Il cloud computing ha rivoluzionato il modo in cui le organizzazioni archiviano e gestiscono i dati, ma porta con sé sfide uniche per la sicurezza e la privacy. In questo paragrafo, esamineremo come le organizzazioni possono affrontare queste sfide per garantire che i dati conservati nel cloud siano protetti in modo efficace.

Sfide e Opportunità del Cloud

- **Rischi di Sicurezza nel Cloud**: Discussione sui rischi di sicurezza associati all'archiviazione dei dati nel cloud, come la vulnerabilità a violazioni dei dati e attacchi informatici, e la difficoltà nel controllare dove i dati vengono fisicamente archiviati.
- **Vantaggi del Cloud per la Gestione dei Dati**: Nonostante i rischi, il cloud offre numerosi vantaggi, tra cui scalabilità, flessibilità e accesso a tecnologie avanzate di sicurezza che potrebbero essere proibitive da implementare on-premise.

Migliori Pratiche per la Sicurezza nel Cloud

- **Valutazione dei Fornitori di Cloud**: Criteri per valutare i fornitori di servizi cloud, incluso il loro impegno per la sicurezza, le certificazioni di conformità (come ISO 27001), e le politiche di risposta alle violazioni dei dati.

- **Accordi sul Livello di Servizio (SLA)**: Importanza di negoziare accordi sul livello di servizio che includano clausole specifiche sulla sicurezza dei dati, sulla privacy, e sulla conformità normativa.

Controlli di Sicurezza nel Cloud

- **Criptazione dei Dati**: Implementazione della crittografia per i dati memorizzati nel cloud, sia in transito che in archiviazione. Ciò include anche la gestione delle chiavi di crittografia, che dovrebbero rimanere sotto il controllo dell'organizzazione e non del fornitore cloud.
- **Autenticazione e Controllo degli Accessi**: Utilizzo di sistemi di autenticazione robusti e controlli di accesso basati sui ruoli per garantire che solo il personale autorizzato possa accedere ai dati nel cloud.

Monitoraggio e Audit nel Cloud

- **Strumenti di Monitoraggio e Audit**: Implementazione di strumenti di monitoraggio e audit nel cloud per rilevare accessi non autorizzati, modifiche ai dati e altre attività sospette.
- **Risposta a Incidenti nel Cloud**: Sviluppo di un piano di risposta specifico per gestire incidenti di sicurezza che coinvolgono dati nel cloud, in collaborazione con il fornitore di servizi cloud.

Conformità e Regolamentazione nel Cloud

- **Adempimento agli Obblighi Normativi**: Assicurarsi che l'uso del cloud sia in linea con gli obblighi normativi relativi alla privacy e alla protezione dei dati, come il GDPR o il CCPA.
- **Certificazioni e Audit di Terze Parti**: Valutare l'importanza delle certificazioni di sicurezza e dei rapporti di audit di

terze parti forniti dal fornitore di servizi cloud come prova della loro conformità.

In conclusione, mentre il cloud computing offre numerose opportunità per la gestione efficiente dei dati, richiede anche un approccio attento e strategico alla sicurezza. Le organizzazioni devono valutare attentamente i fornitori di servizi cloud, implementare controlli di sicurezza robusti e monitorare continuamente l'ambiente cloud per garantire che i dati siano protetti in modo efficace contro le minacce alla sicurezza.

7. Valutazione e Sviluppo Continuo

La valutazione e lo sviluppo continui sono cruciali per mantenere l'efficacia delle strategie di privacy e sicurezza dei dati in un contesto tecnologico in rapida evoluzione. Questo paragrafo discute l'importanza di un aggiornamento e miglioramento costanti delle tecnologie e delle pratiche per la privacy.

Revisione e Aggiornamento delle Tecnologie

- **Valutazioni Periodiche**: L'importanza di condurre valutazioni periodiche delle tecnologie di privacy e sicurezza per assicurarsi che rimangano efficaci contro nuove minacce e vulnerabilità emergenti.
- **Aggiornamenti Basati sulle Valutazioni**: La necessità di aggiornare le tecnologie e i sistemi in base ai risultati delle valutazioni, per garantire che le misure di protezione dei dati rimangano all'avanguardia.

Formazione e Consapevolezza del Personale

- **Programmi di Formazione Continua**: Sottolineare l'importanza della formazione continua del personale su questioni di privacy e sicurezza dei dati, per garantire che siano sempre consapevoli delle ultime minacce e delle migliori pratiche.

- **Adattamento dei Programmi di Formazione**: Adattare regolarmente i programmi di formazione per riflettere le nuove tecnologie, le minacce emergenti e i cambiamenti nelle leggi e nei regolamenti sulla privacy.

Innovazione e Adattabilità

- **Sperimentazione e Innovazione**: Incoraggiare l'esplorazione di nuove tecnologie e soluzioni per migliorare la privacy e la sicurezza dei dati, mantenendo un approccio aperto all'innovazione.
- **Adattabilità alle Nuove Sfide**: La capacità di adattarsi rapidamente a nuove sfide nel panorama della privacy e della sicurezza dei dati, integrando nuove soluzioni e strategie in modo tempestivo.

Feedback e Miglioramento Continuo

- **Utilizzo del Feedback per Migliorare**: Raccogliere e utilizzare il feedback dei dipendenti, dei clienti e di altri stakeholder per affinare continuamente le strategie di privacy e sicurezza.
- **Ciclo di Miglioramento Continuo**: Implementare un ciclo di miglioramento continuo, dove la revisione, la valutazione e l'aggiornamento delle pratiche e delle tecnologie sono processi regolari.

Collaborazione e Condivisione delle Conoscenze

- **Collaborazione con Esperti e Partner**: Collaborare con esperti del settore, partner e altre organizzazioni per condividere conoscenze, esperienze e best practice riguardo alla privacy e alla sicurezza dei dati.
- **Partecipazione a Forum e Gruppi di Lavoro**: Partecipare attivamente a forum di settore, gruppi di lavoro e altre piattaforme per rimanere aggiornati sulle ultime tendenze e sviluppi.

In conclusione, un approccio incentrato sulla valutazione e sullo sviluppo continui è fondamentale per garantire che le strategie di privacy e sicurezza dei dati siano sempre allineate con le migliori pratiche del settore e con il panorama normativo e tecnologico in evoluzione. Questo richiede un impegno costante per la formazione, l'innovazione e il miglioramento, nonché la collaborazione e la condivisione delle conoscenze all'interno e al di fuori dell'organizzazione.

8. Conclusione: Integrare le Tecnologie nella Strategia di Privacy

Concludendo il quarto capitolo, si ribadisce l'importanza critica dell'integrazione delle tecnologie nella strategia complessiva di privacy di un'organizzazione. Questo approccio olistico non solo migliora la protezione dei dati, ma contribuisce anche a costruire una cultura aziendale solida e consapevole in materia di privacy.

Riepilogo dei Concetti Chiave

- Abbiamo esaminato una varietà di tecnologie essenziali per la privacy e la sicurezza dei dati, dalla crittografia e anonimizzazione al cloud computing e alla gestione dei rischi.
- La discussione ha sottolineato come l'uso efficace di queste tecnologie, quando integrato in una strategia di privacy ben strutturata, possa migliorare significativamente la protezione dei dati sensibili.

Visione Olistica della Privacy e della Sicurezza dei Dati

- Sottolineiamo l'importanza di adottare una visione olistica che non si limiti alla semplice implementazione tecnologica, ma includa anche politiche, procedure, formazione dei dipendenti e una cultura aziendale centrata sulla protezione dei dati.

- L'integrazione delle tecnologie nella strategia di privacy dovrebbe essere considerata un processo continuo e dinamico, che si adatta alle evoluzioni tecnologiche e normative.

Importanza della Conformità e della Responsabilità

- Le tecnologie scelte dovrebbero non solo migliorare la sicurezza, ma anche facilitare la conformità con le leggi e i regolamenti vigenti sulla privacy e protezione dei dati.
- La responsabilità nell'uso delle tecnologie è essenziale. Le organizzazioni dovrebbero garantire che le tecnologie adottate siano utilizzate in modo etico e conforme, con la dovuta considerazione per l'impatto sui diritti alla privacy degli individui.

Impegno Continuo e Innovazione

- Le organizzazioni devono impegnarsi a rimanere all'avanguardia nel campo della protezione dei dati, esplorando continuamente nuove tecnologie e adattando le loro strategie di privacy di conseguenza.
- L'innovazione e la sperimentazione dovrebbero essere equilibrate con un'attenta valutazione dei rischi e un impegno costante per la formazione e la sensibilizzazione del personale.

In conclusione, l'integrazione delle tecnologie nella strategia di privacy è un elemento fondamentale per garantire la sicurezza dei dati personali e la conformità normativa. Questo richiede un approccio ben ponderato che consideri tutti gli aspetti della privacy e della protezione dei dati, dalla tecnologia alla cultura aziendale, assicurando così un ambiente sicuro e rispettoso per la gestione delle informazioni sensibili.

CAPITOLO V
Formazione e Consapevolezza del personale

Sommario: 1. Importanza della Formazione del Personale. 2. Sviluppo di Programmi di Formazione. 3. Metodi e Strumenti di Formazione. 4. Cultura della Privacy e Sicurezza dei Dati. 5. Valutazione e Monitoraggio dell'Efficienza della Formazione. 6. Responsabilizzazione del Personale. 7. Conclusione: Un Approccio Olistico alla Formazione e alla Consapevolezza.

1. Importanza della Formazione del Personale

La formazione del personale gioca un ruolo cruciale nella gestione efficace della privacy e nella protezione dei dati all'interno di qualsiasi organizzazione. In questo paragrafo, analizziamo perché la formazione e la consapevolezza dei dipendenti sono essenziali e quali conseguenze può avere la mancanza di una formazione adeguata.

Ruolo Critico del Personale

- **Prima Linea di Difesa**: I dipendenti sono spesso la prima linea di difesa contro le violazioni dei dati. Una formazione adeguata li rende capaci di riconoscere e rispondere correttamente a potenziali minacce alla sicurezza dei dati.
- **Conoscenza delle Procedure e delle Politiche**: Assicurare che tutti i membri del personale comprendano le procedure e le politiche aziendali riguardanti la privacy e la protezione dei dati. Questo è essenziale per la conformità normativa e per la prevenzione di errori involontari che potrebbero portare a violazioni dei dati.

Conseguenze della Mancata Consapevolezza

- **Rischi di Violazioni dei Dati**: Senza una formazione adeguata, i dipendenti possono diventare il punto debole che espone l'organizzazione a rischi di violazioni dei dati, causando danni finanziari e alla reputazione.
- **Errori Umani**: Molti incidenti di sicurezza dei dati sono il risultato di errori umani. La formazione può ridurre significativamente la probabilità di tali errori.
- **Non Conformità e Sanzioni**: La mancanza di consapevolezza e comprensione delle normative sulla privacy può portare a violazioni normative e conseguenti sanzioni legali e finanziarie.

Benefici della Formazione del Personale

- **Riduzione dei Rischi di Sicurezza**: Un personale ben informato è meno propenso a commettere errori che possono portare a violazioni dei dati.
- **Promozione di una Cultura della Sicurezza**: La formazione continua contribuisce a creare e mantenere una cultura aziendale centrata sulla sicurezza e sulla privacy dei dati.
- **Miglioramento della Fiducia dei Clienti**: Organizzazioni con personale ben formato e consapevole delle questioni di privacy tendono a godere di una maggiore fiducia da parte dei clienti e degli stakeholder.

In conclusione, la formazione del personale non è solo un requisito normativo, ma anche un investimento nella sicurezza e nella sostenibilità dell'organizzazione. Un approccio proattivo alla formazione e alla sensibilizzazione dei dipendenti è fondamentale per garantire una gestione efficace dei dati personali e per costruire una forte cultura della privacy e della protezione dei dati.

2. Sviluppo di Programmi di Formazione

Creare programmi di formazione efficaci per la privacy e la protezione dei dati è un elemento chiave per assicurare che tutti i membri dell'organizzazione siano consapevoli delle loro responsabilità e sappiano come agire in modo conforme. Questo paragrafo esplora come sviluppare programmi di formazione che siano sia informativi sia coinvolgenti per i dipendenti.

Creazione di Programmi di Formazione Personalizzati

- **Adattamento al Pubblico**: Sviluppare programmi di formazione che siano adattati ai diversi ruoli all'interno dell'organizzazione. Ad esempio, la formazione per il personale IT potrebbe concentrarsi su aspetti tecnici della sicurezza dei dati, mentre il personale amministrativo potrebbe necessitare di conoscere le procedure per la gestione dei dati dei clienti.
- **Rilevanza e Contestualizzazione**: Assicurarsi che i contenuti della formazione siano direttamente rilevanti per le attività quotidiane dei dipendenti, fornendo esempi pratici e studi di caso che illustrino come le politiche di privacy influenzino il loro lavoro.

Aggiornamento Regolare dei Contenuti di Formazione

- **Rispondere ai Cambiamenti**: I programmi di formazione dovrebbero essere regolarmente aggiornati per riflettere nuove minacce alla sicurezza dei dati, cambiamenti nelle tecnologie e evoluzioni nelle leggi sulla privacy e protezione dei dati.
- **Incorporazione di Feedback e Miglioramenti**: Utilizzare il feedback dei partecipanti ai corsi di formazione per apportare miglioramenti continui, assicurando che i programmi rimangano efficaci e coinvolgenti.

Componenti Essenziali dei Programmi di Formazione

- **Conoscenza delle Normative**: Includere una panoramica delle normative chiave sulla privacy, come il GDPR, e spiegare come queste influenzino le pratiche aziendali.
- **Gestione delle Violazioni dei Dati**: Educare i dipendenti su come riconoscere e rispondere a potenziali violazioni dei dati.
- **Sicurezza Informatica di Base**: Fornire formazione sulla sicurezza informatica di base, inclusa la consapevolezza dei rischi come phishing e malware.

Metodi di Consegna Innovativi e Coinvolgenti

- **Approcci Diversificati**: Combinare diversi metodi di consegna, come lezioni in aula, e-learning, video, e giochi interattivi, per mantenere l'interesse e migliorare l'assorbimento delle informazioni.
- **Formazione Pratica**: Organizzare sessioni pratiche o simulazioni per permettere ai dipendenti di mettere in pratica ciò che hanno imparato in un ambiente controllato.

In conclusione, lo sviluppo di programmi di formazione efficaci è un processo complesso che richiede un approccio mirato e personalizzato. Attraverso l'aggiornamento regolare dei contenuti e l'uso di metodi di consegna coinvolgenti, le organizzazioni possono garantire che il loro personale sia ben informato e preparato ad affrontare le sfide relative alla privacy e alla protezione dei dati.

3. Metodi e Strumenti di Formazione

L'efficacia dei programmi di formazione sulla privacy e protezione dei dati dipende in larga misura dai metodi e dagli strumenti utilizzati. In questo paragrafo, esploriamo varie tecniche e risorse che possono rendere la formazione più interattiva, coinvolgente e impattante per il personale di un'organizzazione.

Utilizzo di Metodi di Formazione Diversificati

- **E-Learning**: Implementazione di piattaforme di e-learning che offrono flessibilità e accessibilità, permettendo ai dipendenti di apprendere al proprio ritmo e secondo i propri orari. Questi sistemi possono includere video, quiz interattivi e moduli di apprendimento autoguidato.
- **Workshop e Seminari**: Organizzazione di sessioni di formazione in persona, come workshop e seminari, che permettono un approccio più personale e la possibilità di interagire direttamente con gli istruttori.

Strumenti Interattivi e Coinvolgenti

- **Giochi di Ruolo e Simulazioni**: Utilizzo di giochi di ruolo e simulazioni per mettere i dipendenti di fronte a scenari realistici. Questo aiuta a comprendere meglio come applicare le conoscenze sulla privacy e la protezione dei dati nelle situazioni quotidiane.
- **Quiz e Test**: Inserimento di quiz e test all'interno dei programmi di formazione per valutare la comprensione e rafforzare l'apprendimento. Questi strumenti possono anche fornire feedback immediato ai partecipanti.

Incorporazione di Tecnologie Emergenti

- **Realtà Virtuale e Aumentata**: Esplorazione dell'uso di tecnologie immersive come la realtà virtuale (VR) e la realtà aumentata (AR) per creare esperienze di formazione coinvolgenti e interattive.
- **Formazione Basata su App Mobile**: Sviluppo di app di formazione che possono essere utilizzate sui dispositivi mobili dei dipendenti, offrendo un modo conveniente e accessibile per accedere ai materiali di formazione.

Approccio Personalizzato alla Formazione

- **Formazione Personalizzata**: Adattare la formazione alle specifiche esigenze e al contesto lavorativo dei dipendenti. Ciò può includere la creazione di percorsi formativi differenziati a seconda del ruolo o del dipartimento.
- **Feedback Continuo**: Implementare un sistema per raccogliere feedback regolari dai partecipanti, per assicurare che la formazione sia rilevante, efficace e in continua evoluzione.

Incoraggiare la Partecipazione Attiva

- **Discussioni di Gruppo e Forum**: Creare opportunità per discussioni di gruppo e forum, dove i dipendenti possono condividere esperienze, dubbi e idee riguardanti la privacy e la sicurezza dei dati.
- **Ambasciatori della Privacy**: Identificare e formare "ambasciatori della privacy" all'interno di vari team o reparti, che possono agire come punti di riferimento per i colleghi e promuovere la consapevolezza sulla privacy.

In conclusione, l'adozione di un mix diversificato di metodi e strumenti di formazione può notevolmente migliorare l'efficacia dei programmi di formazione sulla privacy e protezione dei dati. Un approccio che combina tecnologie innovative, interattività e personalizzazione può aiutare a garantire che il personale sia non solo ben informato, ma anche pienamente coinvolto e motivato a sostenere le iniziative di privacy dell'organizzazione.

4. Cultura della Privacy e Sicurezza dei Dati

Sviluppare una cultura aziendale che valorizzi la privacy e la sicurezza dei dati è fondamentale per una gestione efficace dei dati personali. Questo paragrafo esplora come un'organizzazione può costruire e sostenere una cultura centrata sulla protezione dei dati, enfatizzando il ruolo di tutti i dipendenti nella salvaguardia della privacy.

Promozione di una Cultura della Privacy

- **Integrazione della Privacy nella Visione Aziendale**: Incorporare la privacy e la protezione dei dati come valori fondamentali nella visione e nella missione dell'organizzazione. Questo approccio assicura che la privacy sia vista come una responsabilità condivisa a tutti i livelli.

- **Comunicazione Regolare e Aperta**: Mantenere una comunicazione regolare e trasparente su questioni di privacy e sicurezza dei dati. Ciò include la condivisione di aggiornamenti su politiche, procedure e qualsiasi incidente relativo alla privacy.

Ruolo dei Leader nella Promozione della Cultura della Privacy

- **Leadership come Modello**: I leader aziendali devono agire come modelli nel rispetto delle pratiche di privacy e sicurezza dei dati. Il loro impegno visibile in quest'area è cruciale per stabilire un tono di serietà e urgenza in tutta l'organizzazione.

- **Supporto e Risorse**: Assicurare che i leader forniscano il supporto necessario e le risorse per le iniziative di formazione e sensibilizzazione sulla privacy. Ciò include l'assegnazione di budget adeguati e la promozione di un ambiente che incoraggi l'apprendimento continuo.

Fostering Employee Engagement and Responsibility

- **Coinvolgimento dei Dipendenti**: Incoraggiare i dipendenti a partecipare attivamente nelle iniziative di privacy, dando loro la possibilità di fornire feedback e suggerimenti su come migliorare le pratiche di gestione dei dati.

- **Responsabilizzazione dei Dipendenti**: Educare i dipendenti sulla loro parte nella protezione dei dati e sulla responsabilità individuale nel prevenire violazioni dei dati e nel segnalare attività sospette.

Creazione di Ambasciatori della Privacy

- **Programmi di Ambasciatori della Privacy**: Sviluppare programmi per creare ambasciatori della privacy all'interno di vari team o reparti. Come già anticipato questi individui possono fungere da punti di riferimento per i colleghi, aiutando a diffondere la consapevolezza e buone pratiche in tutta l'organizzazione.
- **Riconoscimento e Incentivi**: Implementare sistemi di riconoscimento e incentivi per premiare i comportamenti che promuovono la privacy e la sicurezza dei dati, rafforzando ulteriormente la cultura aziendale.

In conclusione, la creazione di una cultura aziendale che valorizzi la privacy e la sicurezza dei dati richiede un impegno costante e un coinvolgimento attivo a tutti i livelli dell'organizzazione. I leader devono svolgere un ruolo centrale in questo processo, non solo fornendo risorse e supporto, ma anche fungendo da modelli ispiratori. Inoltre, coinvolgere attivamente i dipendenti in queste iniziative può portare a una maggiore sensibilizzazione e a un ambiente di lavoro più sicuro e rispettoso della privacy.

5. Valutazione e Monitoraggio dell'Efficienza della Formazione

La valutazione e il monitoraggio dell'efficacia dei programmi di formazione sono essenziali per garantire che gli sforzi di sensibilizzazione sulla privacy e sicurezza dei dati siano efficaci e producano risultati tangibili. In questo paragrafo, esploreremo come le organizzazioni possono misurare e migliorare continuamente l'efficacia della loro formazione.

Metodi di Valutazione dell'Efficienza

- **Valutazioni Post-Formazione**: Condurre valutazioni post-formazione, come test o sondaggi, per misurare la comprensione e l'assorbimento delle informazioni da parte dei dipendenti.
- **Analisi del Comportamento sul Lavoro**: Osservare i cambiamenti nel comportamento dei dipendenti sul posto di lavoro che possono indicare una maggiore consapevolezza e aderenza alle pratiche di privacy e sicurezza dei dati.

Feedback dei Partecipanti

- **Raccolta di Feedback**: Implementare un processo per raccogliere feedback dai partecipanti alla formazione. Questo può includere questionari anonimi o sessioni di feedback di gruppo per comprendere le percezioni e le esperienze dei dipendenti.
- **Adattamento Basato sul Feedback**: Utilizzare i feedback raccolti per apportare modifiche e miglioramenti ai programmi di formazione, assicurando che siano rilevanti, coinvolgenti e adatti alle esigenze dei dipendenti.

Indicatori Chiave di Performance (KPI)

- **Sviluppo di KPI per la Formazione**: Stabilire indicatori chiave di performance per valutare l'efficacia della formazione, come il numero di violazioni dei dati ridotte, miglioramenti nei risultati dei test di sicurezza e il livello di partecipazione dei dipendenti alla formazione.
- **Monitoraggio e Reporting Regolari**: Monitorare questi KPI e fornire report regolari ai leader aziendali per dimostrare l'impatto della formazione.

Revisioni Periodiche dei Programmi di Formazione

- **Revisioni Programmate**: Pianificare revisioni periodiche dei contenuti di formazione per garantire che rimangano aggiornati, pertinenti e in linea con le ultime tendenze, minacce e normative.

- **Coinvolgimento degli Esperti**: Consultare esperti di sicurezza dei dati e di privacy per ottenere consigli su come migliorare e aggiornare i programmi di formazione.

Incorporazione di Metodi Innovativi

- **Esplorazione di Nuovi Metodi**: Esplorare l'uso di nuove tecnologie e metodi pedagogici, come la realtà virtuale o i giochi di formazione, per rendere l'apprendimento più efficace e coinvolgente.
- **Apprendimento Continuo**: Promuovere l'apprendimento continuo e la formazione come parte della carriera professionale dei dipendenti, integrando la formazione sulla privacy e sicurezza dei dati nei percorsi di sviluppo personale.

In conclusione, la valutazione e il monitoraggio regolari sono cruciali per assicurare che i programmi di formazione sulla privacy e sicurezza dei dati siano efficaci e adattati alle esigenze in continua evoluzione dell'organizzazione e dei suoi dipendenti. Attraverso un impegno costante per il miglioramento e l'innovazione nella formazione, le organizzazioni possono creare un ambiente lavorativo più sicuro e consapevole.

6. Responsabilizzazione del Personale

Incoraggiare la responsabilizzazione individuale per la privacy e la sicurezza dei dati è fondamentale per rafforzare le difese complessive di un'organizzazione. Questo paragrafo si concentra su come le organizzazioni possono promuovere una cultura in cui ogni dipendente si sente personalmente investito nella protezione dei dati.

Incoraggiare la Responsabilizzazione

- **Sensibilizzazione sui Rischi Individuali**: Educare i dipendenti sui rischi specifici associati alla non conformità e alle violazioni dei dati, evidenziando come queste possano influenzare sia l'organizzazione sia loro personalmente.
- **Chiare Aspettative e Linee Guida**: Stabilire aspettative chiare e fornire linee guida dettagliate su come i dipendenti devono gestire i dati personali e rispettare le politiche di privacy.

Iniziative di Incentivazione

- **Programmi di Ricompensa**: Creare programmi di incentivazione per premiare comportamenti che promuovono la privacy e la sicurezza dei dati. Questo potrebbe includere riconoscimenti per i dipendenti che identificano vulnerabilità o che si impegnano attivamente nelle iniziative di formazione.
- **Riconoscimento Pubblico**: Utilizzare il riconoscimento pubblico per evidenziare i buoni comportamenti, aumentando la visibilità delle pratiche positive e motivando gli altri a seguire l'esempio.

Coinvolgimento Attivo dei Dipendenti

- **Feedback e Contributi dei Dipendenti**: Incoraggiare i dipendenti a fornire feedback e suggerimenti su come migliorare le pratiche di privacy e sicurezza. Questo può contribuire a far sentire il personale più coinvolto e responsabile.
- **Gruppi di Lavoro e Comitati**: Creare gruppi di lavoro o comitati per la privacy e la sicurezza dei dati, coinvolgendo i dipendenti nella formulazione e nell'attuazione delle politiche.

Formazione Personalizzata e Continua

- **Percorsi di Formazione Personalizzati**: Fornire percorsi di formazione personalizzati che si adattano ai diversi ruoli e livelli di responsabilità all'interno dell'organizzazione.
- **Aggiornamento Continuo**: Assicurare che la formazione sulla privacy e la sicurezza dei dati sia un processo continuo e non un evento una tantum, per mantenere elevata la consapevolezza e l'aggiornamento.

Valutazione e Feedback
- **Revisioni Regolari delle Prestazioni**: Integrare la conformità alla privacy e alla sicurezza dei dati nelle revisioni regolari delle prestazioni. Questo può aiutare a identificare aree di forza e di miglioramento per ciascun dipendente.
- **Feedback Costruttivo e Supporto**: Fornire feedback costruttivo e supporto per aiutare i dipendenti a migliorare le loro competenze e conoscenze in materia di privacy e sicurezza dei dati.

In conclusione, la responsabilizzazione del personale è un elemento chiave per creare un ambiente di lavoro in cui la protezione dei dati personali è vista come una responsabilità collettiva e individuale. Attraverso l'educazione, l'incentivazione e il coinvolgimento attivo dei dipendenti, le organizzazioni possono costruire una forte cultura della privacy e sicurezza dei dati che permea tutti i livelli dell'organizzazione.

7. Conclusione: Un Approccio Olistico alla Formazione e alla Consapevolezza

Nel concludere il quinto capitolo, si ribadisce l'importanza di adottare un approccio olistico alla formazione e alla sensibilizzazione del personale in materia di privacy e sicurezza dei dati. Questo approccio garantisce che ogni aspetto della gestione dei dati personali sia compreso e rispettato in tutta l'organizzazione.

Sintesi dei Punti Chiave

- Abbiamo esaminato l'importanza critica della formazione del personale, evidenziando come un personale ben informato sia fondamentale per la protezione dei dati e la conformità normativa.
- Sono stati discussi diversi metodi e strumenti per rendere la formazione coinvolgente e efficace, inclusi programmi personalizzati, metodi di formazione interattivi e l'uso di tecnologie emergenti.
- Abbiamo anche sottolineato il ruolo vitale di creare una cultura aziendale che valorizzi la privacy e la sicurezza dei dati, con un forte coinvolgimento e supporto da parte dei leader aziendali.

Importanza di un Approccio Olistico

- Un approccio olistico alla formazione e consapevolezza significa integrare la privacy e la sicurezza dei dati in tutti i livelli e aspetti dell'organizzazione, dalla leadership ai nuovi assunti.
- Questo approccio comprende non solo la formazione formale, ma anche la comunicazione continua, il coinvolgimento attivo dei dipendenti e l'incorporazione dei principi di privacy e sicurezza dei dati nelle attività quotidiane.

Creazione di un Ambiente di Apprendimento Continuo

- La formazione sulla privacy e la sicurezza dei dati non dovrebbe essere vista come un obbligo una tantum, ma come un impegno continuo e in evoluzione.
- Promuovere un ambiente in cui l'apprendimento e l'aggiornamento costanti sono incoraggiati e valorizzati può

aiutare a mantenere elevati standard di privacy e sicurezza in un paesaggio tecnologico e normativo in rapido cambiamento.

Visione Olistica e Responsabilità Condivisa

- Riconoscere che la protezione dei dati è una responsabilità condivisa, che richiede la collaborazione e l'impegno di tutti i membri dell'organizzazione.
- I leader aziendali dovrebbero fungere da campioni di questa causa, stabilendo un esempio positivo e fornendo le risorse necessarie per supportare iniziative efficaci di formazione e sensibilizzazione.

In conclusione, un approccio olistico alla formazione e alla consapevolezza è essenziale per garantire che la privacy e la sicurezza dei dati siano parte integrante della cultura aziendale. Questo non solo migliora la conformità e riduce il rischio di violazioni, ma rafforza anche la fiducia e il rispetto dei clienti, dei partner e degli stakeholder per l'organizzazione. Un personale ben informato e consapevole è la chiave per una gestione dei dati sicura e responsabile.

CAPITOLO VI
Gestione delle Richieste di Accesso e Violazioni dei Dati

Sommario: 1. Gestione delle Richieste di Accesso ai Dati. 2. Identificazione e Risposta alle Violazioni dei Dati. 3. Formazione e Preparazione del Personale. 4. Documentazione e Reporting. 5. Collaborazione con Autorità e Consulenti. 6. Revisione e Miglioramento. 7. Conclusione: Un Approccio Proattivo alla Gestione dei Dati.

1. Gestione delle Richieste di Accesso ai Dati
La gestione efficace delle richieste di accesso ai dati è una componente fondamentale della conformità alle normative sulla privacy e un elemento chiave per mantenere la fiducia degli interessati. Questo paragrafo si concentra sulle procedure e sulle pratiche migliori per gestire queste richieste in modo efficiente e conforme.

Comprensione dei Diritti degli Interessati
- **Diritti Fondamentali**: Illustrare i diritti degli interessati secondo regolamenti come il GDPR, che includono il diritto di accesso, il diritto di rettifica, il diritto all'oblio e il diritto alla portabilità dei dati.
- **Informazione ai Dipendenti**: Assicurarsi che i dipendenti siano informati sui diritti degli interessati e comprendano l'importanza di rispondere in modo tempestivo e adeguato alle loro richieste.

Procedura per la Gestione delle Richieste
- **Flussi di Lavoro Chiari**: Sviluppare flussi di lavoro chiari e documentati per la gestione delle richieste di accesso ai dati. Questi dovrebbero delineare chi è responsabile per ricevere, elaborare e rispondere alle richieste.
- **Tempi di Risposta**: Impostare e aderire a un limite di tempo specifico per rispondere alle richieste di accesso ai dati, come richiesto dalla normativa pertinente.

Formazione Specifica sulle Richieste di Accesso
- **Formazione sulle Procedure**: Fornire formazione specifica ai dipendenti coinvolti nella gestione delle richieste di accesso ai dati, assicurando che siano consapevoli delle

procedure, dei termini legali e delle implicazioni di non conformità.

- **Simulazioni e Role-Play**: Utilizzare simulazioni o role-play per preparare il personale a gestire varie tipologie di richieste di accesso, migliorando così la loro capacità di rispondere in modo efficace e conforme.

Trasparenza e Comunicazione

- **Comunicazione Efficace**: Assicurarsi che le comunicazioni con gli interessati siano chiare, comprensibili e forniscono tutte le informazioni necessarie in relazione alla loro richiesta.
- **Feedback e Miglioramento**: Raccogliere feedback dagli interessati sul processo di gestione delle richieste per identificare aree di miglioramento.

Uso di Strumenti e Tecnologie

- **Supporto Tecnologico**: Utilizzare strumenti e tecnologie adeguati per facilitare il tracciamento, la gestione e la risposta alle richieste di accesso in modo efficiente e sistematico.

In conclusione, una gestione efficace delle richieste di accesso ai dati richiede non solo la conformità alle normative, ma anche un approccio organizzato e informato. Assicurare che i dipendenti siano ben formati e che esistano procedure chiare e trasparenti è fondamentale per mantenere la fiducia degli interessati e per salvaguardare la reputazione dell'organizzazione.

2. Identificazione e Risposta alle Violazioni dei Dati

L'identificazione tempestiva delle violazioni dei dati e una risposta efficace sono cruciali per mitigare i potenziali danni e per mantenere la fiducia dei clienti e degli interessati. Questo paragrafo esplora le strategie e le procedure che le organizzazioni dovrebbero adottare per gestire in modo efficace tali incidenti.

Rilevamento delle Violazioni

- **Sistemi di Monitoraggio e Allerta**: Implementare sistemi avanzati di monitoraggio dei dati e di allerta che possano rilevare rapidamente accessi non autorizzati, perdite di dati o altre attività sospette che potrebbero indicare una violazione.
- **Formazione sul Riconoscimento delle Violazioni**: Assicurare che tutto il personale sia formato per riconoscere i segnali di una possibile violazione dei dati, contribuendo così alla rapida identificazione e segnalazione degli incidenti.

Piani di Risposta alle Violazioni

- **Procedure di Risposta Chiare**: Sviluppare un piano di risposta alle violazioni dei dati che includa procedure specifiche per la valutazione dell'incidente, la comunicazione interna ed esterna, e le misure di mitigazione.
- **Ruoli e Responsabilità**: Definire chiaramente i ruoli e le responsabilità all'interno dell'organizzazione in caso di violazione dei dati, assicurando che tutti sappiano cosa fare e chi contattare.

Comunicazione Durante una Violazione

- **Comunicazione Interna**: Assicurare una comunicazione interna efficace e tempestiva durante una violazione per coordinare la risposta e mitigare l'impatto dell'incidente.
- **Comunicazione Esterna**: Preparare protocolli per la comunicazione esterna, compresa la notifica alle autorità di regolamentazione e agli interessati, in conformità con le normative vigenti.

Gestione Post-Violazione

- **Valutazione dell'Impatto**: Dopo una violazione, condurre un'analisi approfondita per determinare l'entità dell'impatto e identificare i dati compromessi.
- **Supporto agli Interessati**: Fornire supporto e risorse agli interessati colpiti dalla violazione, come l'offerta di servizi di monitoraggio del credito o assistenza legale, se necessario.

Revisione e Miglioramento delle Misure di Sicurezza

- **Analisi delle Cause**: Esaminare le cause della violazione per identificare e correggere le vulnerabilità nel sistema di sicurezza.
- **Aggiornamenti e Miglioramenti delle Procedure**: Aggiornare le procedure di sicurezza e le misure di prevenzione in base ai risultati dell'analisi per prevenire future violazioni.

Formazione e Simulazioni Regolari

- **Esercitazioni di Risposta alle Violazioni**: Condurre regolarmente esercitazioni e simulazioni di violazioni dei dati per testare e migliorare la risposta dell'organizzazione a tali incidenti.

In conclusione, una gestione efficace delle violazioni dei dati richiede una pianificazione accurata, una formazione continua e un'immediata risposta in caso di incidente. Questo non solo aiuta a minimizzare l'impatto delle violazioni, ma rafforza anche la fiducia di clienti e stakeholder nell'organizzazione, dimostrando un impegno serio verso la sicurezza e la privacy dei dati.

3. Formazione e Preparazione del Personale

La formazione e la preparazione del personale sono aspetti essenziali nella gestione efficace delle richieste di accesso ai dati e delle violazioni dei dati. Un personale ben informato e preparato è fondamentale per prevenire incidenti e per rispondere in modo efficace quando questi si verificano. Questo paragrafo esplora le strategie per formare e preparare il personale in queste aree critiche.

Formazione sulle Procedure di Risposta

- **Informazione sui Protocolli**: Assicurare che tutti i dipendenti siano a conoscenza dei protocolli dell'organizzazione per la gestione delle richieste di accesso ai dati e delle violazioni dei dati. Questo include la comprensione dei passaggi da seguire e delle persone da contattare in caso di un incidente.
- **Training Specifico per Ruoli**: Fornire formazione specifica per i ruoli che hanno maggiori responsabilità nella gestione delle richieste di accesso e delle violazioni, come il personale IT, il team legale e il personale di supporto al cliente.

Simulazioni di Violazione dei Dati

- **Esercitazioni Pratiche**: Condurre esercitazioni pratiche e simulazioni di scenari di violazione dei dati per preparare i dipendenti a rispondere in modo tempestivo ed efficace. Queste simulazioni possono aiutare a identificare le aree di miglioramento e a consolidare la conoscenza dei protocolli.
- **Feedback e Debriefing**: Dopo ogni esercitazione, effettuare un debriefing per discutere ciò che ha funzionato bene e ciò che può essere migliorato, consolidando ulteriormente l'apprendimento e la preparazione.

Aggiornamento Continuo della Formazione

- **Formazione Aggiornata**: Mantenere la formazione aggiornata con le ultime informazioni su minacce emergenti, nuove tecnologie e cambiamenti nelle leggi e regolamenti sulla privacy.
- **Risorse di Apprendimento Continuo**: Fornire risorse di apprendimento continuo, come webinar, bollettini informativi e materiali di formazione online, per mantenere il personale informato sulle ultime tendenze e migliori pratiche.

Rafforzare la Cultura della Sicurezza

- **Incorporazione nelle Politiche Aziendali**: Integrare la consapevolezza sulla sicurezza e la gestione dei dati nelle politiche aziendali e nelle routine quotidiane, rafforzando una cultura aziendale che valorizza la protezione dei dati.
- **Promozione di una Mentalità Proattiva**: Incentivare i dipendenti a essere proattivi nella segnalazione di potenziali vulnerabilità o comportamenti sospetti, contribuendo così a prevenire le violazioni prima che si verifichino.

Feedback e Valutazione

- **Valutazione dell'Efficienza della Formazione**: Utilizzare sondaggi, test e valutazioni per misurare l'efficacia della formazione e adattarla in base ai risultati.
- **Creazione di un Ambiente di Feedback Positivo**: Incoraggiare un ambiente in cui i dipendenti si sentano a loro agio nel fornire feedback sulle procedure e la formazione, promuovendo un miglioramento continuo.

In conclusione, la formazione e la preparazione del personale sono elementi critici nella gestione delle richieste di accesso ai dati e delle violazioni dei dati. Un impegno costante nella formazione e nell'aggiornamento delle competenze assicura che l'organizzazione sia pronta ad affrontare questi scenari, minimizzando i rischi e proteggendo la fiducia degli interessati.

4. Documentazione e Reporting

La documentazione accurata e il reporting tempestivo sono componenti cruciali nella gestione delle richieste di accesso ai dati e delle violazioni dei dati. Questi processi non solo garantiscono la conformità alle normative, ma forniscono anche informazioni vitali per la revisione e il miglioramento delle pratiche di sicurezza. Questo paragrafo esplora l'importanza e le metodologie per una documentazione e un reporting efficaci.

Documentazione delle Richieste e delle Violazioni

- **Tracciamento Sistematico**: Mantenere un sistema di tracciamento per documentare tutte le richieste di accesso ai dati e le violazioni dei dati. Questo dovrebbe includere dettagli come la data della richiesta o dell'incidente, le azioni intraprese in risposta e l'esito finale.
- **Archiviazione Sicura**: Assicurare che tutta la documentazione sia archiviata in modo sicuro e sia accessibile solo al personale autorizzato, per proteggere la riservatezza e l'integrità delle informazioni.

Reporting Conforme alle Normative

- **Conoscenza dei Requisiti di Reporting**: Comprendere i requisiti normativi specifici per il reporting delle violazioni dei dati, come i tempi di notifica alle autorità di regolamentazione e agli interessati, che variano a seconda della legislazione applicabile (es. GDPR, CCPA).
- **Procedure di Reporting Standardizzate**: Sviluppare e adottare procedure standardizzate per il reporting, assicurando che tutte le notifiche siano complete, accurate e tempestive.

Uso di Strumenti di Reporting

- **Strumenti di Reporting Automatizzati**: Utilizzare strumenti di reporting automatizzati per migliorare l'efficienza e ridurre il rischio di errori umani. Questi strumenti possono aiutare a compilare rapidamente i report richiesti e monitorare i tempi di risposta.
- **Dashboard e Analitiche**: Impiegare dashboard e strumenti analitici per visualizzare e analizzare i dati relativi alle richieste di accesso e alle violazioni, facilitando la valutazione delle tendenze e l'identificazione delle aree di miglioramento.

Formazione sul Reporting e sulla Documentazione

- **Formazione Specifica**: Fornire formazione specifica ai dipendenti sui requisiti di documentazione e reporting, compresi i processi interni e le normative pertinenti.
- **Aggiornamenti Continui**: Mantenere il personale aggiornato su eventuali cambiamenti nelle leggi e regolamenti che potrebbero influenzare i processi di documentazione e reporting.

Analisi Post-Evento e Feedback

- **Revisioni Regolari**: Eseguire revisioni regolari della documentazione e dei report per valutare la gestione delle richieste e delle violazioni, e per identificare opportunità di miglioramento.
- **Feedback per il Miglioramento Continuo**: Utilizzare i feedback e le lezioni apprese dalle revisioni per migliorare continuamente le procedure e le pratiche di sicurezza dei dati.

In conclusione, una documentazione e un reporting efficaci e conformi sono fondamentali per la gestione responsabile delle richieste di accesso ai dati e delle violazioni dei dati.

Implementando sistemi accurati di tracciamento e reporting e fornendo la formazione necessaria al personale, le organizzazioni possono assicurare una risposta efficace a questi eventi critici e promuovere un ambiente di miglioramento continuo nella protezione dei dati.

5. Collaborazione con Autorità e Consulenti

La collaborazione con il Garante e i consulenti esperti è un aspetto fondamentale nella gestione delle richieste di accesso ai dati e delle violazioni dei dati. Tale collaborazione può fornire supporto essenziale, conoscenze e orientamenti per navigare efficacemente in situazioni complesse. Questo paragrafo esplora l'importanza di stabilire e mantenere relazioni collaborative in queste aree critiche.

Interazione con Autorità Garante

- **Comunicazione Proattiva**: Stabilire canali di comunicazione proattivi con il Garante. In caso di violazioni dei dati, una comunicazione tempestiva e trasparente è cruciale per dimostrare la conformità e per gestire l'incidente in modo efficace.
- **Guida e Consigli**: Sfruttare la guida e i consigli delle autorità di regolamentazione per comprendere meglio gli obblighi legali e le migliori pratiche nella gestione dei dati e delle violazioni.

Consultazione con Esperti Legali e di Sicurezza

- **Assistenza Legale Specializzata**: Collaborare con avvocati specializzati in privacy e protezione dei dati per garantire che le procedure di gestione delle richieste e delle violazioni siano conformi alla legislazione vigente.
- **Supporto di Esperti di Sicurezza dei Dati**: Assumere esperti di sicurezza dei dati per valutare le misure di sicurezza esistenti, identificare vulnerabilità e fornire

raccomandazioni per rafforzare le difese contro le violazioni dei dati.

Collaborazione in Caso di Incidenti

- **Partnership durante le Indagini**: Lavorare a stretto contatto con le autorità e i consulenti durante le indagini su una violazione dei dati, condividendo informazioni e collaborando per comprendere l'entità dell'incidente e per mitigarne l'impatto.
- **Implementazione di Raccomandazioni**: Applicare le raccomandazioni fornite dalle autorità e dai consulenti per migliorare le pratiche di sicurezza e prevenire futuri incidenti.

Formazione e Aggiornamento Continui

- **Workshop e Seminari**: Partecipare a workshop, seminari e altri eventi formativi organizzati da autorità di regolamentazione o da consulenti esperti per rimanere aggiornati sulle ultime tendenze, minacce e migliori pratiche nella gestione dei dati.
- **Aggiornamenti Regolari sulle Normative**: Assicurarsi di ricevere aggiornamenti regolari sulle modifiche alle leggi e alle normative sulla privacy e protezione dei dati, per mantenere l'organizzazione in linea con gli standard correnti.

Costruzione di una Rete di Supporto

- **Relazioni di Lungo Termine**: Stabilire e mantenere relazioni di lungo termine con Autorità e consulenti, che possono essere risorse preziose per un'ampia gamma di questioni relative alla privacy e alla sicurezza dei dati.
- **Rete di Supporto**: Creare una rete di supporto che includa colleghi di settore, associazioni professionali e gruppi di

interesse per condividere esperienze, sfide e soluzioni nella gestione dei dati e delle violazioni.

In conclusione, la collaborazione con il Garante e i consulenti esperti è essenziale per navigare efficacemente nel complesso mondo della privacy e della sicurezza dei dati. Queste relazioni forniscono non solo supporto e orientamento nelle situazioni di crisi, ma contribuiscono anche al miglioramento continuo delle pratiche di gestione dei dati e alla conformità normativa dell'organizzazione.

6. Revisione e Miglioramento

La revisione e il miglioramento delle procedure relative alle richieste di accesso ai dati e alle violazioni dei dati sono fondamentali per garantire che le strategie di protezione dei dati rimangano efficaci e aggiornate. Questo paragrafo si concentra su come le organizzazioni possono implementare un ciclo di miglioramento continuo per affrontare efficacemente queste sfide.

Analisi Post-Violazione

- **Esame Dettagliato delle Violazioni**: Dopo una violazione, condurre un'analisi dettagliata per comprendere le cause, i punti di fallimento e gli impatti dell'incidente. Questa analisi dovrebbe cercare di identificare sia le vulnerabilità tecniche che gli errori procedurali o umani.
- **Apprendimento dalle Esperienze**: Utilizzare le informazioni raccolte dall'analisi per apprendere dall'incidente e per identificare le aree di miglioramento nelle pratiche di sicurezza e nelle procedure di risposta.

Aggiornamenti Basati sul Feedback e sulle Tendenze

- **Integrazione dei Feedback**: Raccogliere e integrare i feedback dei dipendenti, degli interessati e delle autorità di regolamentazione nelle procedure esistenti. Questo approccio assicura che le procedure rimangano rilevanti e efficaci.

- **Monitoraggio delle Tendenze del Settore**: Tenersi aggiornati sulle tendenze del settore e sulle nuove minacce alla sicurezza dei dati, adattando le pratiche di protezione dei dati di conseguenza.

Revisioni Periodiche delle Politiche e Procedure

- **Valutazioni Programmate**: Stabilire un calendario per la revisione regolare delle politiche e delle procedure relative alla gestione delle richieste di accesso e alle violazioni dei dati. Queste revisioni dovrebbero considerare cambiamenti normativi, evoluzioni tecnologiche e feedback interni ed esterni.
- **Aggiornamento delle Politiche**: Aggiornare le politiche e le procedure per riflettere i risultati delle revisioni, assicurando che siano sempre all'avanguardia e conformi alle normative vigenti.

Formazione Continua e Aggiornamento delle Competenze

- **Aggiornamenti Regolari della Formazione**: Assicurare che i programmi di formazione per il personale siano regolarmente aggiornati per riflettere qualsiasi cambiamento nelle procedure, nelle politiche o nel panorama delle minacce.
- **Sviluppo delle Competenze**: Incoraggiare lo sviluppo continuo delle competenze del personale relative alla privacy e alla sicurezza dei dati, attraverso formazione, workshop e altre opportunità di apprendimento.

Utilizzo della Tecnologia per il Miglioramento Continuo

- **Strumenti Analitici**: Utilizzare strumenti analitici per monitorare l'efficacia delle procedure di sicurezza e per identificare rapidamente aree di miglioramento.
- **Automazione delle Procedure**: Esplorare l'uso dell'automazione per migliorare l'efficienza e la coerenza nella gestione delle richieste di accesso e delle violazioni dei dati.

Collaborazione e Condivisione delle Migliori Pratiche

- **Scambio di Informazioni**: Partecipare a reti e forum di settore per condividere esperienze e apprendere dalle migliori pratiche di altre organizzazioni.
- **Collaborazione con Partner e Fornitori**: Lavorare con partner e fornitori per condividere conoscenze e strategie per migliorare collettivamente la gestione dei dati e la risposta alle violazioni.

In conclusione, un approccio di revisione e miglioramento continui è cruciale per mantenere le strategie di protezione dei dati allineate con l'evoluzione del panorama delle minacce e delle normative. Attraverso analisi regolari, aggiornamenti basati sul feedback e l'adozione di nuove tecnologie e pratiche, le organizzazioni possono rafforzare la loro resilienza contro le violazioni dei dati e migliorare la gestione delle richieste di accesso.

7. Conclusione: Un Approccio Proattivo alla Gestione dei Dati

Concludendo il sesto capitolo, si enfatizza l'importanza di un approccio proattivo alla gestione dei dati, che è fondamentale per assicurare la sicurezza, la privacy e la conformità normativa. Questa sezione riepiloga i concetti chiave e sottolinea la necessità di un impegno continuo e dinamico verso la protezione dei dati.

Riepilogo dei Concetti Chiave

- Abbiamo esplorato l'importanza di gestire in modo efficace le richieste di accesso ai dati e le violazioni dei dati, sottolineando come una risposta rapida e conforme possa mitigare i danni e mantenere la fiducia degli interessati.
- La necessità di formazione continua, documentazione accurata, collaborazione con esperti e autorità, e un ciclo di revisione e miglioramento sono stati identificati come elementi cruciali per una gestione efficace dei dati.

Priorità alla Privacy e alla Sicurezza

- Sottolineare che la privacy e la sicurezza dei dati dovrebbero essere considerate priorità aziendali, integrate in tutti gli aspetti delle operazioni di business.
- L'approccio proattivo include l'anticipazione di potenziali minacce e vulnerabilità e l'adattamento alle evoluzioni del panorama digitale e normativo.

Importanza di un Ambiente di Miglioramento Continuo

- Promuovere un ambiente in cui il miglioramento continuo è una pratica standard, incoraggiando l'innovazione e l'adattamento nelle strategie di gestione dei dati.
- L'analisi e il feedback post-incidente sono fondamentali per apprendere dagli eventi passati e per rafforzare le difese contro future violazioni.

Responsabilizzazione e Coinvolgimento del Personale

- Incoraggiare una cultura in cui ogni dipendente si senta responsabile per la protezione dei dati e sia attivamente coinvolto nelle iniziative di sicurezza e privacy.
- La formazione e la consapevolezza dovrebbero essere continue e adattarsi ai cambiamenti nel contesto lavorativo e tecnologico.

Collaborazione e Condivisione delle Conoscenze

- Mantenere una collaborazione attiva con autorità di regolamentazione, consulenti esperti e altre organizzazioni per condividere conoscenze, sfide e soluzioni.
- La condivisione delle esperienze e delle migliori pratiche può contribuire a rafforzare la resilienza complessiva dell'ecosistema digitale.

In conclusione, un approccio proattivo e olistico alla gestione dei dati è vitale per qualsiasi organizzazione che desidera proteggere efficacemente le informazioni sensibili e mantenere la fiducia dei suoi stakeholder. Attraverso la formazione continua, la revisione e il miglioramento, e la collaborazione attiva, le organizzazioni possono assicurare che le loro pratiche di gestione dei dati siano robuste, conformi e adattabili alle sfide in continua evoluzione del panorama digitale e normativo.

CAPITOLO VII
Caso Studio - Implementazione di un Sistema di Privacy

Sommario: 1. Analisi del Contesto Aziendale. 2. Definizione di Politiche e Procedure. 3. Implementazione di Tecnologie di Supporto. 4. Formazione e Sensibilizzazione del Personale. 5. Monitoraggio e Revisione Continui. 6. Collaborazione con Parti Esterne. 7. Valutazione dei Rischi e Conformità. 8. Conclusione: Realizzazione di un Sistema di Privacy Efficace.

1. Analisi del Contesto Aziendale

L'analisi del contesto aziendale è il primo passo cruciale nell'implementazione di un sistema di privacy efficace. Questa fase iniziale richiede una valutazione completa dell'ambiente in cui l'azienda opera, delle sue pratiche correnti in materia di dati e delle specifiche esigenze di privacy. Questo paragrafo esplora come condurre tale analisi in modo sistematico.

Valutazione Iniziale

- **Comprensione delle Attività Aziendali**: Esaminare attentamente le operazioni di business dell'azienda per capire come e dove vengono raccolti, utilizzati, conservati e condivisi i dati personali.
- **Mappatura dei Dati**: Effettuare una mappatura dettagliata dei dati per identificare quali dati personali vengono trattati, la loro origine, il flusso attraverso l'organizzazione e i punti in cui sono esposti a possibili rischi.

Identificazione dei Requisiti di Privacy

- **Analisi dei Requisiti Normativi**: Determinare i requisiti legali specifici in materia di privacy che l'azienda deve soddisfare, basandosi su fattori come la geografia operativa, il tipo di dati gestiti e il settore di mercato.
- **Valutazione dei Rischi Legati alla Privacy**: Identificare i potenziali rischi per la privacy associati alle attività aziendali, inclusi i rischi legali, operativi e di reputazione.

Analisi delle Pratiche Correnti

- **Valutazione delle Procedure Esistenti**: Revisionare le procedure e le politiche di privacy esistenti per valutarne l'adeguatezza e l'efficacia. Questo include l'esame delle misure di sicurezza dei dati, delle politiche di accesso e di gestione dei dati e delle procedure di risposta alle violazioni.

- **Feedback Interni ed Esterni**: Raccogliere feedback dai dipendenti, clienti e altre parti interessate per comprendere la percezione e l'efficacia delle pratiche attuali di privacy e protezione dei dati.

Definizione degli Obiettivi di Privacy

- **Stabilire Obiettivi Chiari**: Sulla base dell'analisi condotta, definire obiettivi chiari per il sistema di privacy che l'organizzazione intende implementare. Questi obiettivi dovrebbero allinearsi con le esigenze aziendali complessive e le aspettative degli stakeholder.
- **Pianificazione Strategica**: Sviluppare una pianificazione strategica che includa i passaggi per raggiungere questi obiettivi, tenendo conto delle risorse necessarie, dei tempi e delle priorità.

In conclusione, un'analisi dettagliata del contesto aziendale fornisce una base solida per lo sviluppo di un sistema di privacy su misura. Questa fase iniziale è cruciale per garantire che tutte le successive azioni siano ben informate, mirate e efficaci nell'indirizzare le specifiche esigenze e sfide della privacy dell'organizzazione.

2. Definizione di Politiche e Procedure

Dopo un'accurata analisi del contesto aziendale, il passo successivo è lo sviluppo di politiche e procedure di privacy ben articolate. Queste politiche e procedure sono la spina dorsale di un efficace sistema di gestione della privacy, fornendo linee guida chiare e azioni pratiche per il trattamento dei dati personali.

Sviluppo di Politiche di Privacy

- **Redazione di Politiche Dettagliate**: Creare politiche di privacy che riflettano le esigenze specifiche identificate durante l'analisi del contesto aziendale. Queste politiche dovrebbero coprire tutti gli aspetti del trattamento dei dati, dalla raccolta alla conservazione, all'uso e all'eliminazione.

- **Allineamento con le Normative**: Assicurarsi che le politiche siano in linea con le normative sulla privacy e protezione dei dati pertinenti, come il GDPR, il CCPA o altri regolamenti regionali e settoriali.

Procedure Operative

- **Proceduralizzazione delle Politiche**: Tradurre le politiche in procedure operative standard (SOP) che dettaglino specifiche azioni e protocolli da seguire. Queste procedure dovrebbero essere facilmente accessibili e comprensibili per tutti i dipendenti.
- **Assegnazione delle Responsabilità**: Definire chiaramente le responsabilità e le autorità per la gestione dei dati personali all'interno dell'organizzazione. Ciò include la designazione di responsabili per la privacy dei dati, come un Data Protection Officer (DPO), se richiesto dalla normativa.

Coinvolgimento e Consenso

- **Informazione e Coinvolgimento degli Stakeholder**: Coinvolgere attivamente dipendenti, clienti e altri stakeholder nella formulazione delle politiche di privacy. Questo può aumentare la consapevolezza e la collaborazione nella tutela della privacy.
- **Politiche di Consenso e Preferenze**: Implementare politiche che permettano agli individui di esprimere il loro consenso e le loro preferenze in relazione all'uso dei loro dati personali, in linea con i requisiti di trasparenza e scelta.

Aggiornamento e Manutenzione

- **Revisioni Periodiche**: Prevedere revisioni regolari delle politiche e delle procedure per garantire che rimangano attuali e efficaci nel tempo. Questo dovrebbe includere l'adattamento a nuove normative, tecnologie e pratiche di mercato.
- **Documentazione e Archiviazione**: Mantenere una documentazione accurata e archiviare tutte le versioni delle politiche e delle procedure per garantire la tracciabilità e la responsabilità.

In conclusione, lo sviluppo di politiche e procedure di privacy ben strutturate è essenziale per un'efficace gestione della privacy all'interno di un'organizzazione. Queste politiche e procedure non solo garantiscono la conformità alle normative, ma forniscono anche un quadro chiaro per il trattamento responsabile e sicuro dei dati personali, contribuendo a costruire fiducia e trasparenza con gli stakeholder.

3. Implementazione di Tecnologie di Supporto

Una volta definite le politiche e le procedure, l'implementazione di tecnologie di supporto diventa essenziale per facilitare, rafforzare e monitorare la gestione efficace della privacy. Questo paragrafo esplora come scegliere e implementare le tecnologie appropriate per sostenere il sistema di privacy di un'organizzazione.

Selezione delle Tecnologie

- **Valutazione delle Esigenze Tecniche**: Identificare le esigenze tecniche basate sulle politiche e le procedure stabilite. Ciò potrebbe includere sistemi per la gestione dei dati, software di crittografia, strumenti di monitoraggio della conformità e piattaforme di gestione del consenso.
- **Confronto e Selezione**: Confrontare diverse soluzioni tecnologiche disponibili sul mercato, valutando fattori come la compatibilità con i sistemi esistenti, la facilità

d'uso, la scalabilità e la conformità alle normative sulla privacy.

Integrazione con Sistemi Esistenti

- **Interoperabilità**: Assicurarsi che le nuove tecnologie si integrino in modo efficiente con i sistemi IT esistenti per evitare silos di dati e per garantire un flusso uniforme delle informazioni.
- **Test e Validazione**: Prima del pieno dispiegamento, eseguire test approfonditi per validare l'integrazione delle nuove tecnologie e per identificare e risolvere eventuali problemi tecnici o di processo.

Formazione sull'Uso delle Tecnologie

- **Programmi di Formazione per il Personale**: Fornire formazione specifica ai dipendenti sull'uso delle nuove tecnologie. Ciò dovrebbe includere istruzioni su come gestire i dati personali in modo conforme e sicuro utilizzando questi strumenti.
- **Materiali di Supporto e Risorse**: Creare materiali di supporto e risorse, come manuali e FAQ, per assistere i dipendenti nell'uso quotidiano delle tecnologie di privacy.

Monitoraggio e Feedback

- **Strumenti di Monitoraggio**: Utilizzare strumenti di monitoraggio per valutare continuamente l'efficacia delle tecnologie implementate nel proteggere i dati personali e nel sostenere le politiche di privacy.
- **Raccolta di Feedback**: Raccogliere feedback regolari dai dipendenti e dagli utenti delle tecnologie per identificare aree di miglioramento e per fare aggiustamenti in base alle esigenze operative.

Aggiornamenti e Manutenzione

- **Manutenzione Continua**: Assicurare una manutenzione regolare delle tecnologie di supporto per garantire che rimangano sicure, aggiornate e funzionali.
- **Aggiornamenti in Risposta alle Evoluzioni**: Aggiornare le tecnologie in risposta a nuove sfide di sicurezza, cambiamenti normativi o evoluzioni nelle esigenze aziendali.

In conclusione, la scelta e l'implementazione di tecnologie di supporto sono passaggi cruciali per concretizzare le politiche e le procedure di privacy in un'organizzazione. Queste tecnologie non solo facilitano la gestione quotidiana dei dati personali ma forniscono anche strumenti essenziali per il monitoraggio, la segnalazione e il mantenimento della conformità alla normativa sulla privacy. Una strategia efficace richiede una combinazione di tecnologia adeguata, integrazione fluida, formazione continua e revisione periodica.

4. Formazione e Sensibilizzazione del Personale

La formazione e la sensibilizzazione del personale sono aspetti fondamentali per garantire l'efficacia di un sistema di privacy in qualsiasi organizzazione. Questo paragrafo affronta come strutturare e implementare efficacemente programmi di formazione e iniziative di sensibilizzazione per promuovere una cultura aziendale che rispetti e protegga i dati personali.

Programmi di Formazione

- **Contenuti Personalizzati**: Sviluppare programmi di formazione personalizzati in base ai diversi ruoli all'interno dell'organizzazione, assicurando che ogni dipendente riceva istruzioni pertinenti al suo ambito di lavoro.
- **Formazione Pratica**: Includere elementi pratici nella formazione, come scenari di caso, esercitazioni e quiz, per

migliorare la comprensione e la ritenzione delle informazioni.

Comunicazione Continua

- **Aggiornamenti Regolari**: Fornire aggiornamenti regolari su politiche, procedure e qualsiasi cambiamento nelle normative sulla privacy, per mantenere il personale informato e coinvolto.
- **Canali di Comunicazione Efficaci**: Utilizzare diversi canali di comunicazione, come e-mail, riunioni di squadra, e intranet aziendale, per diffondere messaggi sulla privacy e sicurezza dei dati.

Promozione di una Cultura Aziendale Centrata sulla Privacy

- **Esempi dalla Leadership**: Assicurare che i leader aziendali diano l'esempio nel rispettare le politiche di privacy e nel promuovere pratiche di lavoro sicure.
- **Riconoscimento e Incentivi**: Implementare sistemi di riconoscimento o incentivi per premiare i dipendenti che mostrano un impegno eccezionale nella protezione dei dati personali.

Formazione Continua e Aggiornamento delle Competenze

- **Sessioni di Aggiornamento Regolari**: Organizzare sessioni di formazione periodiche per aggiornare il personale sulle ultime tendenze, minacce e migliori pratiche in materia di privacy e sicurezza dei dati.
- **Risorse di Autoapprendimento**: Fornire risorse di autoapprendimento, come webinar, tutorial online e documentazione aggiornata, per consentire ai dipendenti di approfondire autonomamente la loro conoscenza.

Valutazione dell'Efficienza della Formazione

- **Feedback e Valutazioni**: Raccogliere feedback regolari e valutare l'efficacia dei programmi di formazione, per identificare aree di miglioramento e adattare le strategie di formazione di conseguenza.
- **Monitoraggio dell'Applicazione Pratica**: Monitorare come le pratiche apprese vengono applicate nel lavoro quotidiano, per garantire che la formazione si traduca in azioni concrete di tutela della privacy.

In conclusione, la formazione e la sensibilizzazione del personale sono passaggi cruciali per creare una cultura aziendale solida e informata sulla privacy. Attraverso programmi di formazione mirati, comunicazione continua, esempi positivi dalla leadership e un impegno per l'apprendimento e il miglioramento continui, le organizzazioni possono assicurare che i loro dipendenti siano ben equipaggiati per gestire i dati personali in modo responsabile e conforme.

5. Monitoraggio e Revisione Continui

Il monitoraggio e la revisione continui sono componenti essenziali nel mantenimento di un sistema di privacy efficace. Essi assicurano che le pratiche e i protocolli rimangano attuali, efficaci e conformi alle normative in evoluzione. Questo paragrafo si concentra su come le organizzazioni possono stabilire processi di monitoraggio e revisione per garantire una gestione della privacy dinamica e reattiva.

Processi di Monitoraggio

- **Sorveglianza Continua**: Implementare un sistema di monitoraggio continuo per valutare l'efficacia delle misure di privacy e per rilevare eventuali deviazioni o violazioni delle politiche stabilite.
- **Indicatori di Performance**: Utilizzare indicatori chiave di performance (KPI) per misurare l'efficacia delle politiche di

privacy, come il numero di violazioni dei dati rilevate, il tempo di risposta alle richieste di accesso ai dati e il feedback dei dipendenti sulla formazione.

Aggiornamenti Periodici

- **Revisioni Programmate**: Stabilire un calendario per le revisioni periodiche delle politiche e delle procedure di privacy. Questo aiuta a garantire che rimangano in linea con le ultime tendenze, tecnologie e normative del settore.
- **Aggiornamenti in Risposta ai Cambiamenti**: Essere pronti a modificare e aggiornare le politiche e le procedure in risposta a nuovi sviluppi normativi, cambiamenti tecnologici o feedback interni.

Formazione Continua e Aggiornamento delle Competenze

- **Adattamento dei Programmi di Formazione**: Adeguare i programmi di formazione basandosi sui risultati del monitoraggio e delle revisioni, per garantire che il personale sia sempre aggiornato sulle migliori pratiche e sui requisiti normativi.
- **Risorse di Apprendimento Agile**: Fornire risorse di apprendimento flessibili e aggiornate che permettano al personale di rimanere informato sulle ultime tendenze e normative.

Collaborazione Interna ed Esterna

- **Comunicazione Trasversale**: Promuovere una comunicazione efficace tra diversi reparti e livelli gerarchici per condividere insight e feedback sulle pratiche di privacy.
- **Consultazione con Esperti Esterni**: Collaborare regolarmente con esperti legali, consulenti sulla privacy e altre organizzazioni per ottenere prospettive esterne e consigli su come migliorare le strategie di privacy.

Analisi e Miglioramento Basato sui Dati

- **Utilizzo di Dati e Analisi**: Applicare analisi dei dati per comprendere meglio l'efficacia delle pratiche di privacy e identificare aree di miglioramento.
- **Feedback e Iterazione**: Utilizzare il feedback raccolto dai dipendenti, clienti e partner per rifinire e migliorare continuamente le politiche e le pratiche di privacy.

In conclusione, un approccio di monitoraggio e revisione continui è fondamentale per mantenere un sistema di privacy dinamico e reattivo. Attraverso la valutazione regolare delle pratiche esistenti, l'aggiornamento delle strategie in risposta ai cambiamenti e la collaborazione interna ed esterna, le organizzazioni possono garantire che il loro sistema di privacy sia sempre efficace, conforme e all'avanguardia.

6. Collaborazione con Parti Esterne

La collaborazione con parti esterne, come fornitori, partner commerciali e consulenti legali, è un aspetto vitale nel rafforzare e mantenere un sistema di privacy efficace. Questa collaborazione estende la portata e l'efficacia delle strategie di privacy, assicurando che tutti gli aspetti della catena di gestione dei dati siano coperti. Questo paragrafo esplora come sviluppare e gestire queste collaborazioni essenziali.

Interazione con Fornitori e Partner

- **Valutazione dei Fornitori**: Condurre valutazioni approfondite dei fornitori e dei partner per assicurarsi che le loro politiche e pratiche di privacy siano in linea con gli standard dell'organizzazione.
- **Accordi di Conformità**: Stabilire accordi chiari sulla privacy e sulla protezione dei dati con tutti i fornitori e partner, che delineino le aspettative, le responsabilità e le procedure in caso di violazione dei dati.

Consultazione con Esperti Legali e di Sicurezza

- **Supporto Legale Specializzato**: Collaborare con avvocati e consulenti specializzati in privacy e protezione dei dati per garantire che le strategie e le politiche siano conformi alle leggi e normative attuali.
- **Valutazioni di Rischi e Conformità**: Utilizzare l'expertise di questi esperti per valutare i rischi legati alla privacy e per navigare nel panorama normativo complesso.

Condivisione delle Best Practices

- **Network Professionali e Forum**: Partecipare a network professionali e forum di settore per condividere e apprendere le migliori pratiche nel campo della privacy e della protezione dei dati.
- **Workshop e Seminari**: Organizzare o partecipare a workshop e seminari con parti esterne per rimanere aggiornati sulle ultime tendenze, sfide e soluzioni in materia di privacy.

Collaborazione nella Gestione delle Violazioni

- **Protocolli di Risposta Condivisi**: Sviluppare protocolli di risposta condivisi in caso di violazione dei dati che coinvolgono fornitori o partner, garantendo una reazione coordinata e efficace.
- **Esercitazioni congiunte di Crisi**: Condurre esercitazioni di crisi congiunte con le parti esterne per testare e rafforzare le capacità di risposta alle violazioni dei dati.

Monitoraggio e Revisione Continui

- **Revisioni Regolari delle Relazioni**: Monitorare e rivedere regolarmente le relazioni con fornitori e partner per assicurare che rispettino gli accordi sulla privacy e sulla protezione dei dati.

- **Aggiornamenti e Miglioramenti**: Adattare e migliorare continuamente le collaborazioni esterne in base alle esperienze, ai feedback e ai cambiamenti nel contesto normativo o operativo.

In conclusione, la collaborazione con le parti esterne è fondamentale per un sistema di privacy completo ed efficace. Attraverso la valutazione attenta dei fornitori, la collaborazione con esperti legali, la condivisione di conoscenze e pratiche migliori, e la cooperazione nella gestione delle violazioni, un'organizzazione può significativamente migliorare la sua capacità di proteggere i dati personali e mantenere la conformità normativa.

7. Valutazione dei Rischi e Conformità

Una componente critica dell'implementazione di un sistema di privacy è la valutazione continua dei rischi e il mantenimento della conformità con le normative sulla privacy. Questo processo richiede un'analisi metodica dei potenziali rischi per la privacy e l'adeguamento delle politiche e delle procedure per garantire una conformità normativa costante. Il seguente paragrafo approfondisce questi aspetti.

Analisi dei Rischi

- **Identificazione e Valutazione dei Rischi**: Eseguire regolarmente analisi dei rischi per identificare potenziali vulnerabilità nel trattamento dei dati personali. Questo include la valutazione di rischi legati a nuove tecnologie, processi aziendali e cambiamenti nel contesto legale e di mercato.
- **Mitigazione dei Rischi**: Sviluppare strategie per mitigare i rischi identificati, che possono includere il rafforzamento delle misure di sicurezza, la revisione dei processi di gestione dei dati e la formazione aggiuntiva dei dipendenti.

Conformità Normativa

- **Monitoraggio delle Leggi e Regolamenti**: Mantenere una sorveglianza costante sulle leggi e i regolamenti in materia di privacy e protezione dei dati, in particolare in contesti regolamentari in rapida evoluzione come l'UE o gli Stati Uniti.
- **Revisioni di Conformità**: Condurre revisioni periodiche per assicurarsi che le pratiche aziendali siano in linea con le normative vigenti. Questo può includere audit interni o esterni e consultazioni con esperti legali.

Documentazione e Reporting

- **Documentazione delle Procedure e dei Rischi**: Mantenere una documentazione dettagliata delle procedure di privacy e delle valutazioni dei rischi. Questo serve sia come strumento interno per la gestione della conformità sia come prova della diligente osservanza delle normative.
- **Reporting delle Violazioni**: Stabilire procedure chiare per il reporting tempestivo delle violazioni dei dati alle autorità competenti, in conformità con i requisiti legali.

Formazione e Sensibilizzazione Continua

- **Aggiornamenti Formativi**: Assicurare che la formazione del personale rifletta le ultime evoluzioni nelle normative sulla privacy e nelle best practices di settore.
- **Sensibilizzazione dei Dipendenti**: Promuovere una cultura aziendale che sottolinei l'importanza della conformità e della gestione dei rischi relativi alla privacy.

Collaborazione Interna ed Esterna

- **Integrazione delle Funzioni Aziendali**: Assicurare che la gestione dei rischi e la conformità siano integrate nelle diverse funzioni aziendali, non limitandosi a reparti legali o IT.

- **Cooperazione con Autorità e Regolatori**: Mantenere un dialogo costruttivo con le autorità di regolamentazione e i regolatori per rimanere proattivi nel fronteggiare le sfide della conformità.

In conclusione, una valutazione efficace dei rischi e il mantenimento della conformità sono essenziali per l'efficacia a lungo termine di qualsiasi sistema di privacy. Un approccio metodico e integrato, che comprende analisi dei rischi, conformità normativa, documentazione adeguata e una formazione continua, garantisce che l'organizzazione non solo rispetti le leggi vigenti, ma sia anche preparata ad affrontare sfide future in termini di privacy e protezione dei dati.

8. Conclusione: Realizzazione di un Sistema di Privacy Efficace

Concludendo il settimo capitolo, riflettiamo sull'importanza di realizzare un sistema di privacy efficace all'interno delle organizzazioni. Attraverso i passaggi esaminati in questo capitolo, le aziende possono non solo conformarsi alle normative vigenti ma anche costruire una fiducia duratura con i clienti e rafforzare la loro reputazione nel mercato. Ecco un riepilogo dei concetti chiave e delle considerazioni strategiche per un sistema di privacy robusto.

Riepilogo del Processo

- Abbiamo esplorato l'importanza di analizzare il contesto aziendale, definire politiche e procedure chiare, implementare tecnologie di supporto, formare e sensibilizzare il personale, monitorare e rivedere continuamente le pratiche e collaborare con le parti esterne.

- Ogni fase di questo processo contribuisce alla creazione di un ambiente in cui la privacy è rispettata e protetta, non solo come obbligo legale ma come valore fondamentale dell'organizzazione.

Importanza Strategica

- La realizzazione di un sistema di privacy efficace va oltre la semplice conformità. È una strategia aziendale che protegge l'organizzazione da rischi legali e finanziari, aumenta la fiducia dei clienti e migliora la competitività nel mercato.
- Un approccio olistico alla privacy evidenzia l'impegno di un'organizzazione verso la responsabilità etica e la gestione trasparente dei dati, aspetti sempre più valutati dai clienti e dai partner commerciali.

Riflessioni Finali

- Implementare un sistema di privacy efficace è un processo dinamico e continuo che richiede adattamento e miglioramento costanti in risposta a un panorama tecnologico e normativo in evoluzione.
- La leadership e l'impegno a tutti i livelli dell'organizzazione sono cruciali per garantire che la privacy e la protezione dei dati siano vissute quotidianamente come priorità.
- Infine, la privacy non deve essere vista come un onere, ma come un'opportunità per rafforzare la fiducia e le relazioni con tutti gli stakeholder dell'organizzazione.

In conclusione, la creazione e il mantenimento di un sistema di privacy efficace sono essenziali per qualsiasi organizzazione moderna. Questo non solo soddisfa i requisiti legali ma stabilisce anche un fondamento solido per un'etica aziendale responsabile e un rapporto di fiducia duraturo con i clienti e la comunità più ampia.